フランス人の流儀

Comment faire du business avec les Français?

日本人ビジネスパーソンが見てきた人と文化

日仏経済交流会 編
立花英裕 編集協力

大修館書店

はじめに

フランスやフランス人に対して私たち日本人が抱く一般的なイメージは、文化・芸術大国、グルメとファッションの国、洗練され機知に富んだ会話をする人々といったものだろう。しかし、ビジネスの世界で遭遇するフランス人はまた違った顔を見せるのだが、そうしたことを教えてくれる本は少ない。特にビジネスの現場からの情報提供はほとんどないと言ってよい。

本書の執筆者の多くが所属する日仏経済交流会（通称パリクラブ）は、日仏経済交流の強化・促進を目的に、フランスに駐在した経験のある者やフランスとのビジネスに携わる者を中心に結成した団体である。われわれ執筆者は、ビジネスの現場からの情報提供が不足している現状を踏まえ、今後の日仏関係を担う若い世代の方々に向けて、フランスでの日本人ビジネスパーソンの成功あるいは失敗の経験等を語ることによって、ビジネスの世界でのフランス人の考え方や振る舞いを知ってもらい、今後の日仏経済交流に役立てていただきたいと考えて、この本を出版することとした。

本書では序章で、フランス流ビジネスが日本流ビジネスとどのように違うのかについて概観した後、第一章では日本の代表的企業の中から、資生堂、サントリー、トヨタのフランス駐在経験者が、日本のブランドをどのようにしてフランスに浸透させて行ったか、フランスの伝統を尊重しつつ日本的経営術をいかに発揮していったか、開拓者の苦労の中からにじみ出てくるフランス人のビジネスの流儀を紹介した。

第二章では、フランスのビジネス社会の重要な構成要素となっているグランドゼコール卒業生を中心とするエリートの生態を紹介している。

第三章では、フランス人と議論するときは、フランスと日本の発想の違いに注意が必要であること、自分の考えを相手にはっきり伝え、相手と論争になることも厭わないことが重要であることを指摘するとともに、女性が働くことに様々な配慮がなされているフランスの実情を紹介している。

第四章では、労働者の権利が手厚く保護されているフランスらしい労使関係や、フランスの企業が新卒者あるいは中途転職者を採用する際の日本では見られない特徴等について解説している。

第五章では、フランスという枠にとらわれずグローバルな人材を受け入れ育てるフランスのビジネススクールや日本に進出したフランス企業の経営のユニークさ、さらにフランス以外の新興国・発展途上国での日仏協力などについて述べている。

第六章では、文化を国力の重要な要素と位置付けているフランスの文化政策や、食文化、舞台芸術の世界で大きな力を発揮していることを紹介している。

おわりにでは、まず最初に、フランス語を学習するとフランス語を通して得た知識や経験がその人の懐の深さとなり、新たな発想や独自の視野が得られるという複言語主義的教養の効用を述べるとともに、複言語主義を尊重することが、日本語のように世界語でない言語の存在意義を主張することにもなると主張している。また、後半では人間重視、論理と表現、世界への目配りといったフランスの特性・特徴を挙げた上で、日仏経済交流の歴史と現状を整理し、最後に、フランスをよく知り、フランス人とつきあうことの意義について触れている。

なお、本書では読者の幅広い関心に応えるため、本文の中で取り上げられなかったテーマやエピソードをコラムの形で盛り込んだ。また広くパリクラブ会員に、フランス人と上手に交際するためのコツやノウハウをアンケート形式で質問した結果を巻末に取りまとめて紹介している。

本書の執筆にあたっては、第六章および、おわりにの前半部分で、早稲田大学の立花英裕教授をはじめとする大学の先生方に、フランス文化の専門家の見地から文化・芸術・言語の分野でのフランスの現状の紹介と分析をお願いし、本書の内容を豊かで深みのあるものにしていただいた。磯貝英樹氏、楠田友世氏、宮田輝子氏の三名には企画当初のヒアリングで貴重なご意見をお寄せいただいた。また、大修館書店の小林奈苗氏には本書の構想段階から編集に参画いただき、的確なご助言と優れた調整力で本書を完成に導いていただいた。心より御礼申し上げる。

本書でパリクラブの執筆者が紹介しているフランスでの出来事は、年代的に少し古いものもあるが、読者には日仏の経済関係の歴史の一こまとして知っておいていただきたい。また、そこに書かれたノウハウや教訓は、今日および将来においても変わりなく有効なものと考えている。読者が今後フランス人とビジネスでおつきあいをする上で、本書がひとつの道標になれば幸いである。

また笹川日仏財団には、本書の日仏経済交流促進の意義を評価いただき、助成金を交付していただいた。ここに厚く感謝の意を表したい。

二〇一二年五月

編集委員を代表して、パリクラブ理事　有地　浩

目次

第6章、おわりに・1を除き、執筆者はすべてパリクラブ（日仏経済交流会）会員。

フランス人の流儀

——日本人ビジネスパーソンが見てきた人と文化

序章
フランス流のビジネス理解の基礎

仏蘭西――ふらんす――フランス

アメリカ駐在を終えて、フランスに駐在した時の最初の印象は「日本に似ているな」で、すぐ好きになった。もともとフランス大好き人間だったため、米国からフランスに渡った明治の文豪永井荷風の心情をよく理解できた。しかし、後になって、その考えは甘く、フランス流ビジネスの基礎を理解していないとんでもないことになることがわかった。この序章では、筆者の経験も含めてフランスビジネス理解に必要な基礎的な知識、経済、経営の背景について述べる。

日本企業がフランスへ本格的に進出したのは七〇年代後半からで、当時フランスの産業の強さを知っている人は少なかった。一九八八年、フランス赴任が決まった時、知人にフランスへ赴任することを伝えた時、彼の最初のリアクションは「〝おふらんす〟への赴任？　米国派の君がなぜ？」であった。確かに、八〇年代後半のバブル全盛期には、日本と米国は世界の二大経済大国として経済成長でしのぎを削っていた。筆者は米国留学・赴任が長かったため、友人から見ると「ビジネス国」でないフランス赴任は理解できなかったのだろう。しかし、どうしても一九九二年に控えた欧州統合という歴史的な実験の現場にいたかったのである。フランスはすでに欧州の実力者「フランス」であったが、友人にとっては、幕末の歴史に刻まれた「仏蘭西」か、昭和の文化大国としての「ふらんす」であった。

日仏関係は、歴史的に見ると三つの過程を経ている。明治初期には、先進国フランスは当て字で仏蘭西と書き、その後は工業国英国の陰にいて目立たなかった。大正時代から昭和初期にかけて、フランスは近代的な西洋文化・文明の窓口になり「ふらんす」文化が導入された。そして、戦後、アメリカ文化が大量に輸入されカタカナ化され、フランスは、粗野なアメリカ文化との対極のシックでモダンな「フランス」文化としてインテリやエリートに好まれた。

日本の近代化に貢献した日本人

明治時代の日本の近代化は仏英独米の文化のバランスの良い合成から生まれた。陸軍は当初フランス式、後にドイツ式、海軍は当初オランダ式、後に英国式、民法はフランス式、憲法はドイツ式、医療は当初オランダ式、後にドイツ式、工業や産業もフランス、英国、ドイツ式を混合して採用した。特にフランスの場合は、徳川末期から明治初期にかけてフランスで教育を受けた人材が多く、日本の政治、経済、産業、文化など日本近代化の基礎作りに貢献した。日本で初めて横須賀に製鉄所・造船所を作り、司馬遼太郎が「明治の父」と呼んだ幕臣小栗忠順、日本の産業界の基礎を作り「日本近代資本主義の父」と呼ばれた渋沢栄一、「議会政治の父」と呼ばれた西園寺公望、民主化を進め「民権運動の父」と言われた中江兆民が四巨頭としてあげられる。その他、留学生のためのパリ日本館を建てた薩摩治朗八、世界最高の戦闘機を作った中島知久平、日本初の政党内閣を作った平民出身の宰相原敬、パリで活躍した洋画家藤田嗣治、近代西洋絵画の創始者黒田清輝、フランスを愛し耽美派リーダーであった永井荷風など枚挙にいとまがない。

フランス人も日本の近代化に貢献した。徳川慶喜と共に新しい日本を作るために努力したロッシュ公使、造船所や製鉄所を建設し技術や経営を教えた造船技師ヴェルニ、日本初の近代製糸工場である富岡製糸工場を設立したブリューナー、生野鉱山の再開発と鉱山技師を育てたコワニエ、日本の法制度を近代化し、「民法の父」と言われるボアソナード、第一次世界大戦直後にフランス大使として駐在し日仏会館建設など文化活動に活躍した外交官クローデル、最近ではサッカー・ワールドカップで日本チームを初のベスト十六に押し上げた日本代表監督トルシエ、日産の再建をして本社ルノーの社長となったゴーン等がいる。仏蘭西―ふらんす―フランスといつの時代にもフランスと日本は、離れるのではなく「スープの冷めない距離」で心地よい関係を保ってきた。

「似た者同士」のフランスと日本

日本人に「フランスが好きですか?」と聞くと、たいていは好きと言う。それだけ日本人はみな、フランスに特別な親近感を持っている。ビジネスパーソンも最初はそうである。なぜ、日本とフランスとは「特別の親近感」があるのであろうか。

第一には、日本とフランスは米国のような超大国ではなく普通の大国ではあるが、政治・経済・技術力が一流で、特に長い歴史と良質の文化を持っているからである。フランスはヨーロッパ、日本はアジアのリーダー同志で、お互いにアメリカにチャレンジする精神を持っている。

第二には、日本とフランスとの相似点が多いことである。例えば、国民の豊かさを表す一人当たりの国民総生産(GDP)、生活の質などがある。その他、自動車の保有台数、アルコール消費量、旅行消費、新聞の種類、映画館数、成年読解力など、歴史、文化、慣習などの指数は共通点が多い。

第三に、日本もフランスも、お金よりも人間中心の社会で、生活と人生を楽しむ独特の文化を持っている。日本人は生活を豊かにするフランスのファッション、小説、映画、音楽、化粧品、高級品、フランス料理、ワインなどが好きで、フランス人は、日本の小説、歴史的建物、芸術、浮世絵などに興味を持ち、最近ではアニメ、マンガ、日本食、ゲームなど、いわゆる「クール・ジャパン」に世界で一番熱心な国である。日本の伝統文化とポップカルチャーを合わせた日本文化の祭典「ジャパン・エクスポ」が毎年開催され、二〇一〇年には約十八万人の若者が集まった。まさに、日本とフランスは距離と空間を超え、互いに引き合う「似た者同士」なのである。

農業から産業への転換

筆者はフランス駐在（ソニー）の出発前も駐在中も「フランスは、農業国でまともな工業も産業もないのでは？」というような質問をよく受けた。しかし、それは間違いである。フランスは、常に経済やビジネスに必要な地形とインフラを持っていた。内陸ヨーロッパの中央に六角形（エグザゴン）型の地形を持ち隣国との交流が盛んで、戦争も多かったが労働力には苦労しなかった。気候は温暖で四季もあり、平坦な土地で農業、林業、牧畜業の基本産業が国を支え、多い河川や豊富な水に恵まれ、陸上・水路などの交通インフラが経済を支えた。一二世紀にはすでに、シャンパーニュ地方で大規模な定期市が開催され毛織物や農産物が取引され、この経済取引が都市を結び、早くから貨幣・信用経済を発展させた。

フランス経済が発展し本格的なビジネスが開始したのは一七世紀で、ルイ十四世の財務総監コルベールの時代からである。コルベールは王室財政と軍事費獲得のため重商政策をとり、マニュファクチャー(手工業）と植民地貿易を奨励し歳入の増加を図った。しかし、商工業は発展したが軍事費と王室経費の浪費、食料危機、財政危機が重なりフランス革命が起こった。一九世紀には、英雄ナポレオン一世がフランスを軍事・政治大国にしたが、大陸封鎖・連続した戦争による人口減少などで経済的には後進国に落ちた。

結果としてフランスは、産業革命でイギリスに六〇年出遅れ、金融革命では中央銀行の創設まで約百年遅れた。フランスの産業革命は、一九世紀にナポレオン三世によって実現した。しかし、長く続かず普仏戦争の敗北により、フランスに代わってドイツ帝国初代財相ビスマルクが強力なビスマルク体制を作り、欧州制覇をして第一次世界大戦を迎えた。

チャレンジャー大国フランス

第一次世界大戦では戦死者六一六万人、国富の十分の一を失い、さらに第二次世界大戦では七五万人の死者、国富の四分の一を失い工業生産も戦前の四割に下がった。

しかし、第二次世界大戦後のフランスの回復はめざましいものがあった。ドゴールは第五共和制を発足させ、米国の援助で産業化と近代化を開始し、大企業の国有化と計画経済で経済を復興させ、政治的には強烈なリーダーシップのもとにフランスだけでなくヨーロッパを統合し、フランスを世界の一流国に引き上げた。

特に、一九四五年から一九七三年までの三〇年間は「栄光の三〇年」と呼ばれ、技術革新と資本投資で年平均七・八パーセントと驚異的な高度成長を遂げた。七〇年代のドル・石油ショックで一時的に落ち込んだが、八〇年代の強いフラン通貨政策、民営化、規制緩和による自由化政策で景気は後半に回復した。九〇年代初期の湾岸戦争、東西ドイツ統合で停滞したが、九三年のヨーロッパ連合（ＥＵ）、ユーロトンネル開通、アメリカ発のＩＴ革命による情報産業の発達、ユーロの導入などで景気が回復した。

二十一世紀の最初の十年間は、米国同時多発テロ、イラク戦争、アメリカ発の金融危機、経済政策などで経済成長率一パーセント平均と低迷した。二〇〇二年の通貨統合でフランス一国の経済から、一歩進んだヨーロッパ経済の時代が始まったが、ギリシャなどのＥＵ財務危機、フランス自身の財務収支の悪化、高い失業率、アメリカ発の金融危機など課題が多い。

強い経済と産業

フランスの高級ブランド商品は知っているが、経済力と企業については知らない人が多い。フランスはＥＵにおける農業や文化大国としての印象が強く、経済・産業・経営のイメージがない。しかし、フランスの国民総生産（ＧＤＰ）はドイツに次ぐ世界五位で、一人当たりのＧＤＰは七位の経済先進国である。

フランス産業は世界的にみても強い。「フォーチュン五〇〇」（十一年）のランキングで、フランスの国際企業は三九社、ドイツが三七社、イギリスが二九社とヨーロッパ第一位であった。フランスは、政治的にヨーロッパ連合（ＥＵ）の政治的牽引者であるだけでなく、ビジネスでも一流国なのである。

農業のほかに、エネルギー、鉄鋼、宇宙、防衛、原子力、通信、航空、鉄道、科学、高級品、銀行・保険、小売、観光、交通など世界的に競争力のある産業が多い。外資に市場を開放し、外資資本受け入れ国としては世界第二位で二三万の外資企業があり、二三〇万人の従業員を雇用し、五人に一人が外資企業に働いている。フランスの代表的な企業（ＣＡＣ四〇）に働く約二〇％が外国人経営者という外国人労働者にオープンな国である。

経済・経営の基礎を作った学者の活躍

筆者のフランス駐在前に「フランスにも世界的に有名な経済学者や経営者がいるの？」と何回か聞かれた。確かに、米国の圧倒的な経済規模を背景とした経済学の知名度や経済学者の活躍にはかなわない。フランス経済のみならず経済学者や経営者は専門家以外にはあまり知られていない。経済活動も、国家が経済に関与する混合経済システム、国家が経営に関与する国有企業、家族が経営する伝統的大企業の存在などがあり、つかみにくい。

しかし、歴史的には有能な経済学者や経営者を多く輩出している。王政を守るために富の蓄積を商業と貿易に求めたコルベールの重商主義、重商主義を批判し農業の重要性と自由放任の経済を主張したケネーの重農主義、供給は自ら需要を作ると生産・消費・販売・購買の均衡論を述べた古典派経済学者セイ、科学を経済に利用する利益を説いた社会主義者サンシモン、社会主義者であったが、市場における需要と供給を「均衡論」としてモデル化し、科学的な近代経済学の基礎を作ったワルラス、需要と価格の弾力性を関数や微積分など数理的に分析し近代経済学の原理を発展させたクールノーなど、かつてフランスは著名な経済学者を輩出した。最近では、マルクス主義と資本主義を融合して社会制度や規範等の制度と調整を強調する、フランス生まれのレギュラシオン派のボワイエなどがいて多彩である。

フランス経済学は近代経済学の基盤を提供した。ケネーの自由貿易・循環論は『国富論』を表したスミスに、セイの自由主義はリカードに、資本蓄積論は古典派に影響を与え、ワルラスの均衡論はサミュエルソン、アローらに影響を与えるなど初期フランス経済学の影響は大きい。近年も、受賞が難しいと言われるノーベル経済学賞でも八十年代にドブルー、アレーと二人の数理経済学者を出している。その他フランスのシュンペーターと言われたペローがいる。

フランス経営学はコルベールの重商主義時代に生まれた。コルベールの要求でサヴァリーが商法の原点となる「サヴァリー法典」を作り、ナポレオン商法典のモデルとなり、また各国の商業学の体系化に貢献した。フランス革命後にはデュパンが活躍し、経営における作業と管理を区別して従業員教育の重要性を指摘し、後に米国のテイラーと共に「経営管理論の父」と言われたファヨールに影響を与えた。産業革命が進行した第二帝政の時期には、スヌイユが経済学の見地から企業者の役割を利潤極大とし、予測、調達、指揮、伝達機能の重要性を述べてファヨールに影響を与えた。二十世紀初頭、企業で管理職を務めたファヨールが主著『産業並びに一般の管理』を発表し、企業における管理、技術、商業、財務、保全、会計、管理など現代の経営管理の基礎的理論を作った。

『科学的管理法』の著者テイラーをフランスに紹介したのは金属学者ル・シャトリエで、影響を受けたルノー、ミシュランなどがアメリカの自動車工場を見学し、テイラーシステムをフランスの工場に導入するきっかけとなった。第二次世界大戦後は米国式の経営方式が導入されるに従ってフランスの経営学者も米国の影響を受けた。しかし、経営学を管理学から見た経営管理論は米国のテイラーとフランスのファヨールが最初である。国家経営学が先行したフランスでは経営を学問として教え始めたのは遅く、一九世紀の前半に技術・工業系経営者用のエコール・サントラルが設立されたが、本格的な文系経営者を養成する高等商業学校（ＨＥＣ）が設立されたのは一九世紀の後半で、その一世紀後に国立大学に修士課程の経営研究大学院パリ第四大学（ドーフィーヌ）、パリ第一大学（ソルボンヌ）ができた。

ユニークなフランスの経営スタイル

フランス人と働くとわかることだがフランスの経営スタイルは一筋縄ではいかない。英米などアングロサクソンの経営スタイルと違うので、アングロサクソンモデルを下敷きにした経営を学んだ日本人ビジネスマンは当初困惑する。約束事も軽く、筆者は駐在最初、「役員会は一年間英語でやるから心配はないよ」と言われたが、一年間のはずが一週間であった。愛国心が強く、政府の高官から家電ディーラーや大口顧客までつきあったが、いつも言われたことは、要するに「フランスはいいだろう。美しいフランス語を学びフランス文化とビジネスを理解してわれわれとつきあうと楽しいぞ」と言うことばにまとめられた。本当にそうなのだろうかと疑問を持ちながら六年間、学生からエリートまで、いろいろな人とつきあい議論したが、結論は「ビジネスの基本は同じ。しかし、フランス人ビジネスマンはタイプ別のつきあい方がある。仕事だけでなく教養を磨き、それぞれつきあい方を変えれば仲良くなれるし、仕事もうまくいく」であった。

フランス企業には国有企業、民間企業、民間企業にも家族企業、外資企業などがあり、企業文化もフランス伝統型、アングロサクソン型、グローバル型などがある。国家企業で働く人も多く、二〇〇八年時点で、八六七社あり七九万三二〇〇人を雇用し、総労働者の三・五%を占めている。また、伝統的二〇〇家族の末裔が経済界の株式資本の三五パーセントを保持し、各首相が組閣する閣僚の約二〇%がエリート校ENA出身と言われている。CAC四〇の大企業社長や会長の場合の半数以上はエコール・ポリテクニック、ENA、HEC出身者が占めており、約二〇%がフランス人以外の外国人経営者である。

このような複雑なフランス社会における経営者のマネジメントスタイルは歴史、企業文化、参加資本、経営者の出自などをベースに、内向型経営者、官僚型経営者、帝国主義型経営者、進歩型経営者など四種類に大別して考えるとよいだろう（次ページ図参照）。内向型経営者は競争を好まずフランスの良き伝統とフランスの人的価値を優先し、官僚型経営者は個性を出さないが愛国者でフランスの伝統と効率を優先する。帝国主義的経営者は進歩的テクノクラートであるが、あくまで伝統的なフランスシステムの中での変化と効率の価値を優先する。進歩型経営者は未来志向で、国際的な順応性があり英語を話し、人的価値の向上と変化の価値を優先する。

著者の駐在中に会ったフランスの経営者を大雑把に当てはめると、内向型経営者二〇%、官僚型が三〇%、帝国主義者タイプが約三〇%、進歩型が二〇%であった。一般的な傾向は、内向型、官僚型経営者は、あまり海外と取引がない国有企業に多く、帝国主義型は、大企業に多く、表向きは国際派であるが、最後には伝統的フランスシステムを前面に出す。進歩型は会社が組織として進歩型の場合と、日産・ルノーのカルロス・ゴーンのように経営者が抜きんでて国際型で国境や国籍に関係なく海外オペレーションを行う場合がある。

図　フランス企業における経営者のマネジメントスタイル

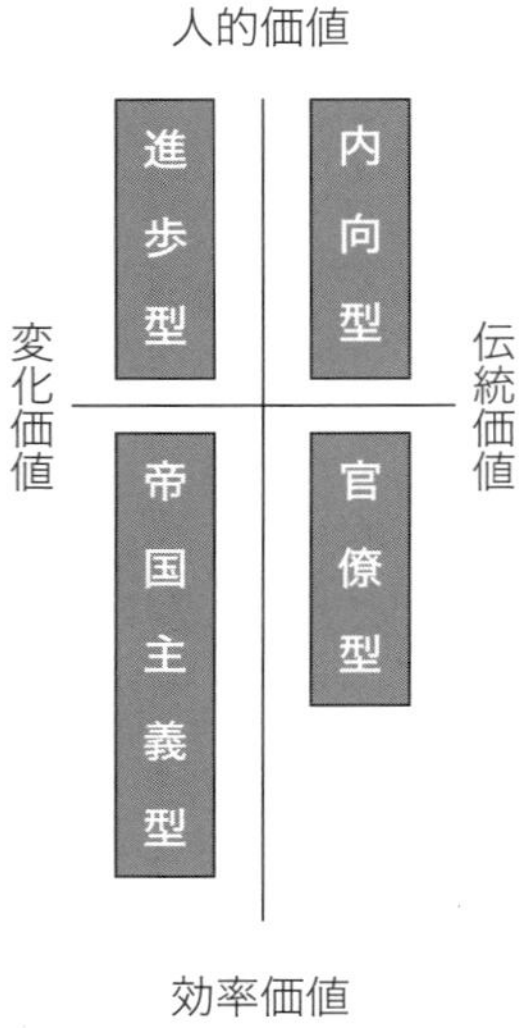

フランスと日本は西洋と東洋との違いはあるが同じ型の「文化ＤＮＡ」を持っていると思われる。国民性、伝統、歴史、社会など似ているところも多い。古くから創造性、芸術、ファッション、インテリジェンス、高級品、映画など日本人がフランスに憧れと期待を寄せた。近年では外交力、先端的技術力、サービス力には学ぶところが多く、一方、経済力、製造力、エレクトロニクス、自動車、産業機械、環境技術などの技術は日本が強く補完関係にある。人間性でも補完関係にあるので、日本とフランスが組んで世界に貢献する新しいイノベーションを起こせる可能性は十分にある。

第1章
フランス流／日本流ブランド戦略

1・1　化粧品の本場で成功した日本ブランド

後藤　豊

フランスを代表する二大デパート、ギャラリー・ラファイエットとオー・プランタンはオペラ座の裏に並んでいて、多くの日本人観光客が買い物をする。その一階の顔とも言える一番良い場所を占めているのが化粧品売り場だ。扱っているブランドの数が日本のデパートとは比べ物にならないほど多くて競争は非常に激しい。その中で目立つ良い場所に資生堂カウンターがある。今ではそれを誰も不思議に思わないが、本当は奇跡的とも言えることなのだ。

今では高品質の代名詞であるメイド・イン・ジャパンはかつては安かろう、悪かろうのイメージだった。日本製の車は急な坂は上れないと言われ、おもちゃなどの雑貨や繊維製品が輸出力がある程度だった。そういう時代に日本の化粧品を欧米で売ろうというのは無謀とも言うべき挑戦だった。資生堂の海外進出は一九五七年の台湾に始まり、香港、タイ、シンガポール、マレーシアなどアジア各国ではそれなりに売れていた。アメリカは一九六二年のハワイ、さらに一九六五年にニューヨークに資生堂コスメティックス・アメリカを設立した。資生堂がフランスに進出するのは一九八〇年だが、ヨーロッパで最初に進出したのはイタリアだった。一九六三年に代理店を通じて販売開始し、一九六八年に資生堂コスメティチ・イタリアを設立した。当時ヨーロッパでは日本がどこにあるか知らない人がほとんどだった。

私はフランスに駐在する前にイタリアに、一九七九年から一九八五年まで駐在した。当時はようやく資生堂の名前が知られるようになってきていたが、イタリア進出当時から働いていたイタリア人のビューティー・コンサルタントから聞いた苦労話が印象的だった。彼女が資生堂を扱っている化粧品店で接客して、日本の化粧品だと言うと、「日本に化粧品があるのか? 日本人も化粧品を使うのか?」と言うのだ。「日本で約百年以上(当時、現在では一四〇年)の歴史があるナンバーワンのメーカーだ。」と説明して、見本品を手に伸ばしてあげると、「クリームは良さそうだけれど、これを使ったら、私の皮膚は黄色くなってしまうわ。」と言われたそうだ。化粧品は試して使ってもらわないと良さがわからない。私がイタリアに駐在したころ、日本製の電卓が売れていた。電卓はヨーロッパ製より、小さくて、値段が安いので見せれば納得してもらえる。その点化粧品は試してみる気になってもらうのが一苦労だ。容器がきれいなだけでは納得してもらえない。そのため化粧品店にビューティー・コンサルタントを派遣して、無料で試してもらう機会を作り、一人ずつ愛用者を増やしていった。時間がかかり、忍耐のいる方法だが、品質には自信があったので、根気よく続けた。そしてイタリアでも上位のメーカーになり、その成功がフランス進出へとつながっていった。

フランス進出

一九七八年に今で言うIR活動で、ヨーロッパの株主説明会のため、専務に同行してヨーロッパ各地を回っていた。突然フランスの薬品メーカーのピエール・ファーブル社の社長が会いたいと私宛に連絡が入り、パリで面会した。イタリアでの資生堂の成功を見て、フランスでの販売を合弁でしないかという提案だった。予定を変更して南フランスのカストゥルに行き、会社や工場も見学した。当時私はフランス語ができなく、さらに小さな田舎町には日本語のできる人はいなかったため、日本語—英語—フランス語とダブル通訳で商談したが、通訳に時間がかかるため盛り上がりにくく、フランス語ができたらよいなと思った。資生堂は一八七二年の創業だが、当初は日本で最初の西洋式調剤薬局として銀座に産声を上げた。ピエール・ファーブル社も薬から化粧品に拡大していて、長期的な視点で考えるなど共通点が多かったため、合弁会社資生堂フランスを一九八〇年にパリに設立した。同じ年に資生堂ドイチュラントも設立された。イタリアもドイツも百%子会社なのに、どうしてフランスだけ五〇%ずつの合弁会社にしたのかと言うと、当時は日本の経済成長に驚異を感じていたフランスは、日本製のビデオレコーダーの輸入手続きを煩雑にするなど日本を警戒していた。化粧品というフランスにとって大事な産業に日本のメーカーが進出するとなると歓迎されない懸念があり、フランスの会社との合弁にした。しかしそのおかげでフランスの高級品のセレクティブ・ディストリビューションに必要なエスプリを早く身に着けることができたと思っている。

フランス進出を機に国際戦略を練り直し、ハイ・クオリティ、ハイ・イメージ、ハイ・サービスの三つのハイを基本とした。日本では資生堂という一つのブランドで高級デパートから大衆的なドラッグストアまで販売している。ヨーロッパは依然、階級社会なので、高級店で扱うブランドと大衆的な店で扱うブランドは分かれている。資生堂は高級店にターゲットを絞った。製品も以前は日本で販売してよく売れるものを海外に導入していたが、最初からヨーロッパの市場に合わせた海外専用商品を作った。日本に比べると乾燥しているヨーロッパでは油分の多いリッチ感のある乳液やクリームを多くした。ヨーロッパの化粧品店では百を超えるブランドが棚にひしめき合っているので、目立つようにパッケージに印刷するロゴなどを大きくした。それが発展して、日本でも導入されて、デパート専用の高級品として現在販売されている。その際日本というアイデンティティーを大事にし、他社とは違うオリジナリティーを強調した。どの分野でも、フランスで成功するのに大変重要なことは、オリジナルであることだ。ほかにはない独自な価値を持っていないと評価されない。日本ではみなと同じであることの方が摩擦なく生きていけるので、個性があることが正しく評価されない傾向がある。日本で、「あの人はユニークだ。」という場合、悪い意味だが、フランスやイタリアではクリエイティブでオリジナルな良い意味だ。

資生堂は基礎化粧品の品質には絶大な自信があったが、その使い方でも顔のマッサージなど新しいアイデアを提案した。また日本の「おもてなしの心」を訴求した。例えば、お客様に化粧品をお見せする際、ボトルを片手でなく、両手で支えるようにした。広告製作のためにフランス人クリエイターのセルジュ・ルタンスを起用した。資生堂の本社には百人以上のデザイナーがいて、広告もパッケージ・デザインも店舗デザインも社内で製作している。また広告に関する受賞も多く、外部のデザイナーに全面的に任せることに反発もあったが、当時の国際担当役員だった福原義春名誉会長が英断した。日本では広告も多く展開できるが、フランスでは後発で、他メーカーの十分の一もできない。そのため他社とは違うオリジナルなものを、インパクトの強いものを求めた。強いものは反感も買いやすいが、嫌いという人がいてもよいから、印象に残るものを、記憶に残るものを求めた。最初にルタンスが提示したイメージは日の丸を連想する赤い丸を女性が上から抱えているものだった。その後も女性の肌は真っ白で、笑顔はなく、従来の化粧品の広告イメージにはないものだった。日本の本社内での評価は散々だったが、フランス人のアーティストやジャーナリストなどオピニオン・リーダーからは絶賛された。資生堂はフランスでは日本以上に高級イメージを誇っているが、この広告イメージが大きく寄与した。

積極的なコミュニケーションが大切

良い商品を販売するのは当然だが、それに加えて多方面から積極的に発信することがフランスでのイメージ向上に役立った。例えば、資生堂の歴史展をパリの美術館で開催して、当時でも百年を超える歴史があり、新しいことに挑戦し続けてきて、文化的にも高く評価されてきた会社であることをアピールした。具体的には、一九八六年にパリの広告美術館で「資生堂の美と広告一八七二—一九八六」展を開催し、入館者数の新記録を作った。一九九七年には創業一二五年を記念してルーヴル美術館に隣接する装飾美術館で「PARIS-TOKYO-PARIS SHISEIDO 1897-1997 LA BEAUTÉ」展が開催された。このオープニングには政治家、官僚、財界人に加え、アーティスト、ファッション・デザイナー、ジャーナリストが多く集まり、絶賛された。フランスを代表するアート雑誌CONNAISSANCE DES ARTSが一冊丸ごとこの歴史展特集を発行したほど美術界でも注目を浴びた。反響が大きかったので、東京とニューヨークでもアレンジして開催された。創業以来の商品やポスターを陳列したのだが、これらを保管してあったから実現できたのだ。現在も静岡県掛川市に資生堂アートハウスと企業資料館を作り、これらを保管している。一九一九年に銀座に資生堂ギャラリーを開設して、アーティストに発表の場を提供し続けてきたように文化を大切にするエスプリを持った会社だからできたことだ。

フランスのマスコミに数限りなく取り上げられたこともイメージ向上に貢献した。ファッションの中心地として世界的に影響力のある『エル』や『マリ・クレール』などの女性誌は、化粧品会社として当然最初からアプローチして商品や人物が取り上げられていたが、『ル・フィガロ』、『ル・モンド』などの有名新聞、『レ・ゼコー』などの経済新聞、『パリ・マッチ』やCHALLENGESなどの有名雑誌に数多く取り上げられた日本企業は珍しい。この際大切なのがトップ広報だ。新製品の紹介を広報担当者がしても、所詮商品が中心なので小さな記事で終わるが、社長が登場して、企業理念や将来の方向性などを語ると写真入りの大きな記事になる。その社長の趣味など人間味を感じさせる要素を加えると記事に広がりが出て、さらに大きな記事になる。福原義春名誉会長は社長就任以来現在に至るまで、日本のマスコミにもひっきりなしに登場しているが、フランスのマスコミにもよく登場した。写真や蘭はプロの域だし、本は書評委員をやるほどで、フランス文学にも美術全般についても造詣が深く、インタビューの間にフランス人ジャーナリストとさまざまな話題で盛り上がり、結果的にいつも予定よりはるかに大きな記事になった。その後に社長に就任した弦間明相談役、池田守男相談役、前田新造会長もパリ訪問時『レ・ゼコー』などの新聞の取材を受け、半ページほどの大きな記事になった。日本の企業のトップはインタビューをできれば避けて通りたいという人が多い。フランスではインタビューや記者会見で上手に発信ができないような人はトップになれないが、日本では内向き傾向が強く、ましてフランスのインタビューなど仕掛けていくことが少なかったため、資生堂のトップの記事が一層目立つことになった。トップの取材をきっかけに多くのジャーナリストと接触した私はそのコンタクトをずっと継続した。その間私自身もフランスのマスコミに取り上げられた。その中には化粧品のビジネスとは関係なく、日本人代表として語られることも多かった。日本のビジネスとフランスのビジネスの違いや、日本のビジネスマンが仕事と生活をどのようにしているのかという観点も多かった。

私はパリに二度駐在したが、一度目が一九八七年から一九九五年まで、二度目が二〇〇二年から二〇〇八年までだった。一度目の時は日本の経済成長が著しく、なぜこれほどの成長が可能なのか興味があったが、日本人ビジネスマンが登場したがらなかったので、私に何度も声がかかった。『レクスパンシオン』誌から各国代表にフランスの良いところを一つずつ取り上げてもらう特集を組むので日本代表で出てほしいとの依頼だった。お互いに悪い点を論《あげつら》うことはよくあるが、褒められて嫌な人はいないので承諾した。caniveauと言って歩道沿いの排水溝に自動的に水が流れて掃除ができる施設や、ロータリーなどの花壇では季節ごとに植え替える仕組みなど街の美観のために努めていることを話した。写真撮影のためにミラボー橋に行くと、パリ市が褒められたことを喜んで清掃車二台と清掃人四人を提供してくれた。「パリの日本人」というドキュメンタリーにはデザイナーのケンゾー氏と私が取り上げられ、私の家族も登場した。一年後に「ヨーロッパの日本人」というドキュメンタリーが企画され、これにはヨージ・ヤマモト氏と私が取り上げられた。日本人にインタビューを申し込むと、ファッション・デザイナーなどアーティストはＯＫしてくるが、普通のビジネスマンはなかなか出てくれないとフランス人ジャーナリストが嘆いていた。

資生堂は日本でもメセナに熱心な企業として知られているが、フランスでも数多く取り組んだ。ブロア城の修復、シュリー音楽祭のスポンサー、ノルマンディの見捨てられた礼拝堂の修復などだ。それらのオープニングにはデザイナーや政財界人などがいつも出席してくれたため、資生堂のイメージ向上に貢献した。

フランスでのビジネス拡大と日仏関係への貢献

フランスでの資生堂の知名度やイメージが向上するに従い、ビジネスも拡大した。工場をフランスに二つ建設した。世界で一か所でしか販売しない香水専門ブティック、レ・サロン・デュ・パレロワイヤル・シセイドーを、ルーヴルに近いパレ・ロワイヤルの中庭に面した場所に一九九二年に立ち上げた。そのオープニングには当時のフランス銀行総裁ご夫妻、文化大臣の奥様、エルメス、ルイ・ヴィトン、クリスチャン・ディオールなど有名ブランドの社長に加え、ＬＶＭＨ（ルイ・ヴィトン・モエ・ヘネシー・グループ）全体の社長、オートクチュール協会会長、スターモデルなど華やかな顔ぶれが揃った。内装の素晴らしさと世界でここだけでしか手に入らない香水という話題性で人気を集め、雑誌などに頻繁に取り上げられた。有名女優たちが愛用して、そのことが記事になった。フランスの会社を買収して、グループに広がりが出た。有名女優、貴族の奥様たちが通う美容室と化粧品で有名なカリタとアロマテラピー化粧品のデクレオールだ。資生堂の名を冠さない香水を扱うボーテ・プレステージ・インターナショナルを立ち上げ、イッセイ・ミヤケ、ジャン＝ポール・ゴルチエなどのデザイナー・ブランドの香水を発売し、大ヒットした。今ではフランスの子会社六社で一三八〇名の社員を擁している。

　福原義春資生堂名誉会長は東京都写真美術館館長など社外の役職が多いが、日仏関係だけに絞っても、日仏経済人クラブ日本側議長、レジオンドヌール帯勲者会日本支部会長、パリ日本文化会館日本友の会会長など多くの日仏関係に欠かせない役職についている。その影響で私も在仏日本商工会議所会頭やパリ商工会議所日仏経済交流委員会の副会長などを務めた。またＨＥＣ、エセックシアンスポなどグランドゼコールで講演を数多くした。エリート校で優秀な人が多いからなのか、質問も活発で、こちらがエネルギーをもらった。フランスの財界のＶＩＰでもクリスマスカードに手書きでことばを添えてくる人が多く、忙しいのに感心させられた。パリは世界の交差点だ。

　天皇皇后両陛下を筆頭に、政治家、女優など日本だけにいたら会えない日本人の方々にもお会いできた。フランス人ではシラク元大統領、サルコジ前大統領、憧れの女優カトリーヌ・ドヌーヴ、大歌手のアダモやジルベール・ベコー、モナコのカロリーヌ王女など夢としか思えなかった方々に会って話すことができたのは一生の思い出だ。小さい時から海外駐在員になりたいと思っていた。行きたかったのはニューヨークだった。アメリカがすべての面で輝いていた時代だったからだ。しかし結果的に、イタリア六年とパリが二回で十四年とヨーロッパが二十年と長くなった。過ぎてみてこれで本当に良かったと今思っている。アメリカに比べるとすべての点で奥が深い。知れば知るほど面白くなる。人脈ができればできるほど居心地が良くなる。仕事面も私生活も実に楽しめた。

1・2　フランスワインの伝統と日本式経営

永田靖一

ボルドーの名門シャトー・ラグランジュの買収

一九八三年一一月二九日。本格的な冬が始まろうというパリ一七区、ワグラム通りの事務所に一本の電話が入った。フランス大蔵省からだ。電話口の担当官は無造作にそして早口で「申請中の貴社のドシエ（投資案件）が認可されました。ルーブルまで認可書を受け取りに来てください。」実に素っ気ない電話である。が、私は思わず腰を浮かしてしまった。ついにやったという感動が押し寄せてきた。このドシエは、サントリーが一年半越しで仏政府に認可申請をしていたボルドーのシャトー・ラグランジュの買収案件であった。フランスが誇りとするボルドーのシャトーである。当然ながら認可交渉は難航した。当時のフランス政府は日仏貿易不均衡に業を煮やし、すべての日本製品の輸入に対しロワール地方のポワチエに通関業務を集中させるなど、日仏経済関係がぎくしゃくした時期である。これまでもサントリーは七〇年代にプチシャトーの買収を仏農業省に拒否された経緯があり、社内でもこの「ラグランジュ案件」は難題中の難題とされてきた。

ラグランジュ買収の話は、八二年、英国の投資銀行がサントリーロンドン支店に持ち込んだものだ。欧州で酒類事業の拡大を目指すサントリーは、これを本場ボルドーで高級ワインビジネスを学ぶ絶好の機会ととらえた。またグランクリュ・シャトーのオーナーに仲間入りすることで、フランスのプレミアム・ブランドの経営哲学を学びたいとも考えていた。

ラグランジュはボルドー・メドック地区サンジュリアン村にあるグラン・クリュに格付けされたシャトーだ。一八世紀の歴史書にも記述が残されている由緒あるシャトーで、買収交渉の相手は当時のスペイン人オーナー、センドーヤ氏であった。シャトーの敷地の中央には石造りのゲストハウスがあり、醸造棟、貯蔵庫、瓶詰庫がそれに隣接している。一五七ヘクタールの敷地に、ブドウ畑は五六ヘクタールであった。センドーヤ・ファミリーとの交渉はうまく言ったが、日本企業として初めてメドックのグラン・クリュ・シャトーを買収する案件に、フランス政府の認可は容易におりなかった。外資の直接投資は歓迎だが、フランスの財産とも言えるシャトーを日本企業に売り渡すことに心理的抵抗も大きかったのだろう。そのことを理解しないではなかったが、サントリーも黙って認可を待っていたのではない。八三年にパリ駐在員事務所を設立し、地元ボルドーとの関係作り、フランス政府（当時は外資審議委員会）との認可交渉に全力投入することになった。買収後のシャトー経営について、地元ボルドーの伝統と習慣を遵守すること、雇用促進を図ること、必要な追加投資を速やかに実施すること、そして何よりも私たちはMedocain（メドカン、メドックの住民）になりきることを約束した。社内的にも仏農産品の輸入促進に一日本企業として最大限の努力を払うことの了解を取り付けた。そうやって買収申請後一年半にしてようやく認可がおりたのである。

交渉のさなか、サントリーは社内の生産技術チームをボルドーに派遣した。チームは「フランスワインの父」と言われるボルドー大学のエミール・ペイノ博士に会い、「ラグランジュの土地は最良のワインを生み出すポテンシャルがある。」とのことばをもらった。当時社内にはボルドー大学に留学したワイン生産技術者で、ペイノ博士の門下生であった鈴田健二がいた。彼は副社長として翌年春からラグランジュに駐在することになるが、ペイノ博士に「鈴田がくるならラグランジュのアドバイザーを引き受けてもよい」と言わしめた人物である。

鈴田には生産面を担当してもらったが、経営管理はパリ事務所が担当した。一九八四年一月三日、私はシャトー・オーナーの代表という立場で寒々とした冬のラグランジュに到着した。醸造棟と貯蔵庫の間にある事務所の長椅子に一人ぽつんと座った。暖房はなく電話もない事務所でオーバーを着込み、時折顔を見せるセンドーヤ氏から事務書類の引き継ぎを受けた。前オーナーの経営はかなりずさんで、グラン・クリュ・シャトーとして必要な品質向上への投資はなされず、ブドウ畑は荒れ、従業員の数は不足していた。ワインの評価は低く、取引価格は最低のランクであった。サントリーはグラン・クリュ・シャトーの経営に知見を持ち合わせていなかったため、日本人ではとても歯が立たないワインをめぐるフランスの文化の奥深さに対処するためのアドバイザーが必要だった。同時に、グラン・クリュ・シャトーの経営の指導も仰がなければならなかった。最終的には、メドックでトップの実力者と評判の、シャトー・レオヴィル・ラスカーズのミシェル・ドロン氏が顧問を引き受けてくださった。ドロン氏には当初ラグランジュの経営陣に加わってほしいとお願いしたが、彼の答えは「ノン」。日本から来たサントリーの幹部が「そうおっしゃらず、なんとか考え直してくれませんか」。これを私が通訳した。するとドロン氏は「そういうのを『アジア人のしつこさ』(insistation asiatique)と言うんだ」と強面で私たちをにらみつけた。フランス人が一度ノンと言ったらノンであるとここで学んだ。

最初の二年間は毎週金曜日の夕方、モンテ・クリスト(葉巻)の香り漂うラスカーズのオーナー室でドロン氏にシャトー経営の指導をあおぐことになった。メンバーはボルドー大学でやはりペイノ博士に学び、新生ラグランジュの社長に就任したマルセル・デュカス、副社長の鈴田、それに私の三人であった。ドロン氏は怖かった。日本で言う「箸のあげおろし」から細部にわたり私たちを厳しく指導した。私たちは近隣のオーナーを招いて夕食会を開きたいと提案した。地元に対するあいさつだ。これはすんなり賛成していただいたが、料理のメニュー、ワインの選択に関しては厳しい注文が出された。結局、選定したワインの一つ、七五年ディケムを探すためにボルドー――ジュネーヴ間を往復することになった。

夕食会のホスト役は当時のサントリー会長の佐治敬三夫妻。場所はボルドー市内グラン・テアトル前のレストラン。招待者は、一級シャトーを除き(一級シャトーのオーナーはメドックでも特別のサークルに属する)、当時メドックを代表する実力シャトーのオーナー夫妻をお招きすることになった。コス・デストゥルネルのプラッツ夫妻、ランシュ・バージュのカーズ夫妻、デュクル・ボカイユのボリー夫妻、当時のボンタン騎士団(ボルドーを代表する名門ワイン騎士団)のマルタン会長、クルチエのダニエル・ロートン夫妻、ラスカーズのドロン氏、ディケムのド・リュー・サリュース伯爵、ペイノ博士というメンバーであった。この夜の招待客は以後ラグランジュの、そしてサントリーのかけがえのない友人になってくれた。私はドロン氏の隣の席だった。彼がオーブリオン・ブランを飲み干し、グラスの中に大きな鼻を入れて恍惚とした表情で「この香りだよ」と私にささやいたことを今でも思い出す。この日を境にサントリーはメドカンとして正式に迎え入れられることになった。

「フランス式経営」対「日本式経営」

サントリーの仕事はラグランジュを再生させることであった。まず地元ボルドーを代表する建築家マジエール親子に依頼して大掛かりな改修工事を行うことにした。シャトー内のすべての建造物はボルドー様式を継承すること、ゲストハウスのシャトーは外壁の汚れを水と砂できれいに洗いおとし、建物内部は一八世紀の様式を守りながらも全面改修することになった。醸造棟の中のコンクリート・タンクは時代遅れなためすべて撤去し、温度コントロールの利く最新のステンレスタンクを設置した。瓶詰めは外部の専門業者に委託していたが、瓶詰め棟に最新のラインを設置。樽貯蔵庫は温度コントロールの利く棟を新設した。さらに栽培センター、従業員社宅、季節労働者宿舎も新設した。シャトーの庭はもともと自然な景観を備えた英国式庭園であったのを、ヴェルサイユの造園家がフランス式のシンメトリックな庭園と英国式を融合したものに設計し直した。もっとも力を入れたのは畑の手入れだ。畑の地面を掘り排水溝を敷き古いブドウの木を抜根し苗木を新植した。最終的には五六ヘクタールの畑を百十三ヘクタールに拡張することにした。

従業員は一四名から七五名へ増員した。サントリーの副社長鳥井信一郎がラグランジュを訪問するにあたり、全従業員を前にあいさつのスピーチをしてもらおうと私たちは考えた。苦労して仏訳したスピーチ原稿をドロン氏にお見せしたら、「シャトーのオーナーが従業員を集めてスピーチするなんて前代未聞だ」と突き返されてしまった。従業員と自然に会話するのはいい。だが、これはl'industrie（工場）じゃない、シャトーだ。鳥井副社長にご納得いただくのに苦労したが、「郷に入れば郷に従え」とご了解いただいた。

ワインの販売もわれわれの常識とは違った。ラグランジュのワインは必ずクルチエ（仲買人）を通し、ボルドーのネゴシアン（ワイン輸出業者）に販売すること。そしてネゴシアンは各国のワイン輸入業者に販売する。たとえサントリー本社でもラグランジュからワインを直接購入してはいけない。ボルドーのネゴシアンを通して購入すること。日本市場でサントリーがラグランジュの独占的輸入販売者になるのはもってのほかで、どの業者でも輸入販売できるようにする。これにはさすがにサントリーの営業本部からクレームが来た。一〇〇％子会社であるラグランジュのワインを親会社のサントリーが自由に購入することがなぜできない。ましてや競合する他社がラグランジュを輸入販売することまでなんで認めなくてはならないのか。

日本側の圧力に抗することができず、私はドロン氏にかけ合った。ドロン氏は鋭い視線で私を見つめ、次のように説明してくれた。サントリーは地元ボルドーの商習慣を守る約束をしたはず。地元のクルチエ、そしてネゴシアンを通してワインを販売するのがボルドーの習慣だ。ラグランジュの価値を高めたいなら、エクスクルシヴ（排他的）な商取引は厳禁だ。クルチエの役割はシャトーの収穫状況、ワインの品質、在庫、オーナーの姿勢などの情報を収集し、ネゴシアンは各国ワイン市場の動向と最終顧客がくだすワイン評価を探り出す。これらの情報に基づき各シャトーはプリマー価格（ワインが樽に貯蔵された状態で決定されるワインの価格）を決定し、ネゴシアンへの販売割当量（allocation）を決める。排他的な取引をするシャトーはこの情報の輪からはずれるため、そのワイン価格は業界の納得を得ることができない。ドロン氏は最後に「オーナーだからと言って必要に応じた数量を購入すると、ワインが世界中の顧客に十分行き渡らなくなる。それはラグランジュの価値を高める妨げになる。サントリー向けの販売数量はラグランジュが決める。」親会社のサントリーは子会社のラグランジュの割当数量に従わざるを得なくなった。割当の根拠はいささか屈辱的であったが、世界から見て日本の高級ワイン市場の成熟度を勘案してというものだった。当時のラグランジュにとって優先市場は米国、スイス、英国であり、親会社がある日本市場ではなかったのだ。もっとも現在の日本は世界の最重要市場の一つになっているが。

今ではあたりまえの話だが、当時の私たちにはセカンド・ワインの考え方も新鮮であった。シャトーのワインは畑から収穫するすべてのブドウがシャトー・ワインにふさわしい品質かと言うとそうではない。若い苗木のブドウはシャトー・ワインのレベルに達しないものもある。旧オーナーはすべてのぶどうをシャトー・ラグランジュにしていたので、当然生産量は増えるが品質は落ちる。新生ラグランジュは買収した八四年ヴィンテージから、セカンド・ワインのフィエフ・ド・ラグランジュを作り、シャトー・ワインの生産量を落としてでも高品質にかける戦略に出た。なお、このフィエフは価格がシャトー・ワインの半額程度であることから、業界からカリテ・プリ（品質と価格のバランス）ではメドックで一番との評価を得た。

メドックの代表的なシャトー・オーナーとの夕食会と別に、一級シャトーのラフィットのオーナー、エリック・ド・ロッチルド男爵夫妻が佐治敬三夫妻を歓迎するために、ポイヤック村のラフィットで晩餐会を開催してくれることになった。ボルドーの著名人約一〇〇名の招待客はブラックタイの正装。この際ボンタン騎士団の正会員（オーナーのみに限定）の入会式もやろうじゃないかということになり、ムートンのフィリピーヌ男爵夫人、ラトゥールのピアソン家の代表者（当時英紙フィナンシャルタイムズのオーナーが所有）、マルゴーのメンゼロプロス女史に佐治を加えた四名の入会式が行われた。この顔ぶれで今さら入会式もないのだが、ラグランジュの新オーナーを心から歓迎するエリック男爵精一杯の演出であったのだろう。ラフィットの醸造庫に一〇〇名が席に着ける長テーブルを配し、ろうそくの明かりでスタートした晩餐会はとてもこの世のものとは思われなかった。ここでは列挙しないがこの夜のワインが凄かった。最後に一九〇〇年ヴィンテージのラフィットが振る舞われた時は招待客一同思わず顔を見合わせたものだ。晩餐会の打ち合わせで何度もエリック男爵のパリのオフィスに通ったが、「やる時は、すべて最上級のものでなければ意味がないよ。」と語っていたのを思い出す。

このようにラグランジュは再生に向かって歩み出したのだが、あまりにもいろいろな出来事が多く、限られた紙面では語りきれない。一番つらかったのは買収後数年間も赤字が続いた時である。買収額と同規模の投資を行い、運転資金は現地の金融機関からの借り入れだった。ある時期には売上高を上回る借入額となったが、これ以上の増資を本社にお願いするわけにはいかないとワイン在庫を担保とするボルドー特有の制度金融でやりくりした。シャトーの利益をあげるにはワインの品質と評価を高めることにつきる。九〇年代に入って初めて利益を出すことができたが、それ以降はキャッシュフローも順調で借入金はゼロ、今ではグループでもっとも利益率の高い事業になっている。

サントリーはラグランジュの再生を通じて、欧州酒類業界の市民権を得ることができた。その後シャトー・ベイシュヴェルを核とするワイン事業、コニャックのルイ・ロワイエ社、ディジョンのカシスリキュール・ルジェ社、スコットランドのウイスキー・ボウモア社、ザルツブルクのチョコレートリキュール・モーツァルト社を買収して欧州における酒類事業の橋頭堡を築くことができた。最近ではフランスのオランジーナ社の大型買収を実現し、ますますフランスとの関係は深まっている。欧米ではビジネスの会話の中で、ラグランジュ再生の話題で多いに盛り上がる経験を何度もした。ある意味ではサントリーの海外事業の「原点」であったのかもしれない。

1・3　フランス人と車、その価値観と流儀

錫村寛海

二年弱暮らしたブリュッセルの下宿から、身の回り品を詰めたダンボール箱四つほどトヨタ・セリカ一六〇〇GTのトランクに入れ、パリに向けて私（当時三十二歳）が出発したのは一九七六年十二月の霧の濃い早朝であった。時速八〇キロほどで国境を越えてフランスに入ったころには地平線と思われる（霧でよくわからない）かなたに小さなオレンジ色の球体が上り始めていた。乳白色の空間に浮かんだその球体は太陽のイメージとはかけ離れた冷たく、柔らかな濃いオレンジ色だった。やがて霧が晴れ始め、地平線遥かまで畑の広がる中、緩やかな上下と曲がりのある高速道路を疾走するダークグリーンの一六〇〇GTは速度を時速一六〇キロに上げていく。速度が上がるにつれ車体がますます道路に密着し、その安定感に満足した私は自信に満ちてフランスでの仕事に入っていくのだが、訪問する販売店店主から聞かされる話を総合すると、私が扱っているのは車なのだろうかと愕然とするような日々の始まりであった。

一九七〇年台後半トヨタの販売店はフランス全国に三百店ほどあり、道路網の長さを販売店数で割ると単純計算で二五〇キロごとに一軒程度になるが、それらを巡回するのは私にとって長い車の

旅であった。

一部の山間部を除いてフランスの国土は平坦だ。パリと二〇ほどの地方都市以外は人口五万人程度の町が圧倒的に多い。高速道路は当時パリを起点とした数線しかなく、たいていはそれなりに舗装された国道を時速八〇キロほどで突っ走って行く。地平線のかなたに尖塔が見える。教会だ。やがて土色の町並みの広がりが見えてくる。進出し始めたばかりの日本車の販売店をやってくれるようなところは修理工場か、他の欧州車の併売店等である。「三チャンディーラー」と言われ、お父チャン、お母チャン、それにお姉チャンかお兄チャンの家族経営である。

彼らは私の顔を見るなり、外国人という配慮もなく口角泡を飛ばし話し出す。一日三軒程度の訪問だが、彼らの言っていることは「お前さんのところの車は、安定性が良くない、乗り心地が悪い、内装が貧相、陰気だ、材質が安っぽい。」等々どこの店でも同じ話だ。辟易とした当方も「それじゃなんで売れるんですか?」と尋ねる。質問に対する回答も早い。「故障しない。装備品は全部ついている。そのわりには安い。」等々、車の性能にあまり関係ないところで売れていたのであった。

自動車は一九世紀欧州で生まれ育ち、二〇世紀初頭アメリカで大量生産化された。日本で生産がアメリカ式に本格化したのは二〇世紀半ば以降のことである。車の本場とも言える欧州には一九六〇年代初めより輸出し始め、生産国であるフランス市場への参入は一番遅かった。日本車は一九八〇年代中ごろ、アメリカ向けの排気ガス対策を完了したころより、欧州でそれなりに評価される車を輸出できるようになり、一九九〇年代より加速した現地生産を通してさらに欧州化して行くことになる。

フランス人の車に対する価値観と車づくり

フランス人とドイツ人が、車を最初に作ったのは自分の国だと主張し合うことがある。その頃は独仏間で種々な形で技術交流があり、どこが最初にエンジンを搭載した車を作ったかと言うことだが、一般論として一八八六年にカール・ベンツが作ったものが最初とされている。

フランスではプジョーが一八八九年に最初の車を発表している。その当時は多くの町工場にも等しいところで車が作られ、人々はフランスの広い国土をふんだんに利用して点から点を結ぶラリーに熱中した。しかし当時の車はＦＲ（後輪駆動）であったこともあり、走行不安定から事故が多発した。

ＦＦ（前輪駆動）、四輪独立サスペンションはフランスだけの技術ではなかったが、シトロエンがいち早く量産を可能にした。こうして高性能のエンジンをフルに回転させ、車の安定性と快適性を実現しフランス人のスピードへの欲望をかなえていった。

車の乗り心地はサスペンション、ショックアブソーバー、シート、タイヤの組み合わせで決まってくる。この組み合わせ方がドイツとフランスでは異なる。イタリアのメーカーも違うが私見ではフランスに近いと感じている。フランス車はドイツ車と比べ、ずいぶんソフトな乗り心地に仕上がりになっている。経験ある方なら、この典型としてシトロエンの車を思い浮かべることであろう。

極端な例かもしれないが一例をご紹介しよう。日本からの来訪者にパリ市内に駐車していたシトロエン２ＣＶのバンパーを「片手で」つかんでそのサスペンションの柔らかさを示そうと上下に揺すったら、実は車の中に人が横になっていて、びっくりした彼は顔を真っ赤にして私を怒鳴ったものだった。嘘のような本当のお話である。

サスペンションに関するもう一つのお話をご紹介しよう。七〇～八〇年代の日本車はほとんどが後輪駆動でリーフスプリングを使った、フランス車に比べなんとも硬いサスペンションシステムだった。こうした車を豊満な体型のヨーロッパの女性たちが古い石畳の路上を運転するとどういう不都合が起こるか？　彼女らの多くは不愉快な揺れから来る不快感と不安定感に襲われ、「とんでもない車」というレッテルを貼られることとなった。

シートの作り方もドイツとフランスでは違う。フランス車のシートはよりソフトな座り心地になっているだけではなく女性ドライバーにも優しい形状になっているケースも見られる。ある年のパリモーターショーに展示されたプジョーの新車のシートは角が優雅に丸みを帯びていた。スカートをはいた女性ドライバーの乗降を配慮した形状であった。日本車のエンジニアのため息交じりのコメントが心に残る。「やはり椅子文化の国だ。発想も作りのコンセプトも日本と違うなあ。」

タイヤに関してはミシュラン社の貢献は大きい。同社が最初にラジアルタイヤを世に出し一世を風靡したことは今も多くのドライバーの記憶にあるだろう。

こうしたフランス特有な要素に、高いエンジン性能を備えたフランス車を、日本のメーカーはどのように見ていたであろうか？二〇〇〇年初頭、トヨタと日産の幹部エンジニアが世界で一番良い車と認めていた車はプジョー四〇六（写真）であった。エンジンはガソリンで一・六リッターである。フランスの得意とするディーゼルエンジン一・八リッター車もある。彼らの会社の同等クラスの車と比較して二世代

先を行っているという評価だった。両社の技術者たちは、このプジョー四〇六を車としてのトータルバランスがもっとも良いと評価していたのだった。

乗り心地と性能が良ければ小型車で十分？

フランスの乗用車市場では五割以上、排気ガス規制の厳しくなった二〇〇五年以降は六割以上が小型車で占められる。日本で言う大衆車クラスである。飽くなきスピード志向と言うか、ある地点から目的地までできるだけ早く着きたいという欲望は車の動力性能の鍵を握る、前輪駆動、四輪独立サスペンション、高回転のエンジン、高性能のタイヤの発達を促した。フランス流合理主義とでも言おうか、車のサイズは小さいがよく走り、車内は相対的に広く、車の混んだ街中でもカーブのきつい道でもスピードを落とさず快適に走れる。こうした車があったため大型車への要求は生まれにくかったと言えるだろう。

ルノー5（写真）はその後のモデルチェンジ車も含め、フランス小型車の典型と言えよう。ジタンのタバコをくわえ、開け放ったウィンドウから金髪をなびかせるパリジェンヌに上手に操られ、はたまたプロヴァンス地方の曲がりくねった山道を、時速六〇キロで走る日本車をさーっと追い抜き、見る間に視界から遠ざかってゆくルノー5を見ていると「なるほど、楽しい車だ。」とあっさり納得してしまうのだ。エンジンは一・一リッターや一・三リッターが主流であった。

オートマチック車には乗らない？

私は駐在中、日本人訪問者よりこの質問を何度も受けた。フランスで走っているフランス車は圧倒的に（八割以上）マニュアルギア車である。理由はオートマチック車に乗るドライバーは運転が下手だと見下されるという説明をフランス人から受けた。

ダメ押しがフランス特有の課税馬力を計算する時に使用される、とんでもなく複雑な算式の存在である。この算式に車のエンジンと駆動関係のデータを入れて計算すると、オートマチック車はマニュアルギア車より一CVつまり一馬力高くなり、その分税金も高くなる。

しかしこうしたネガティブな面にもかかわらず、販売店のセールスマンによれば、日本車のオートマチック車は素晴らしく快適で、一度乗ったお客さんは車を買い替える時はオートマチック車を選ぶとのことである。保守的と言われる反面、一旦気に入れば周りはあまり気にしない、柔軟性があると言うかマイペースな国民だなあと思った次第である。

車は社会的ステータスを表す？

こんな見出しを見ると、個人主義と言われているフランスで？と疑問を抱かれるかもしれない。実は私もそう思っていたが、それを変えたいくつかのエピソードをご紹介しよう。

ちょっとした規模の企業では幹部職（カードル）になると社用車が貸与される。さらに職位に従って貸与車の格も上がっていく。社員はこの車を業務用にも使うが、日常生活の中で自由な使用が認められている。これは社内外における社会的ステータスと言える。

また複数の販売関係者との会話の中からわかったことだが、フランス人ドライバー諸氏はけっこう自分が乗る車に気を使うらしい。車の色の選択にも控えめな傾向が見られるようだ。一番売れるボディカラーは何か?日本は白が大半だがフランスではグレイメタリックが圧倒的に多い。

社会的にはフランスでもメルセデスは成功のシンボルとされている。一方、同じ高級車でもBMWを乗り回し始めると税務署に目をつけられるらしい。

一九九〇年代、レクサスがフランス市場に投入されたが年間五〇台ほどしか売れていなかった。さもありなんと思いながら輸入代理店の販売部長にどんな人たちが購入したか聞いてみた。ボールペンや使い捨てライターのビック社バロン・ビック社長、新興家電スーパーチェーン「ダルティ」の社長、ジャンルは違うが歌手のシャルル・アズナブール、といった人たちの名前が挙げられた。保守的な自動車観が支配する中、新しい価値を取り込もうという人たちもいるのだという印象を持った。

ヨーロピアン・スタイルは日本でも成功

二〇〇〇年二月、完成間もないトヨタのフランス工場で「ヤリス（次頁写真）」一号車がラインオフした。この車は当初から欧州市場をターゲットに欧州で開発された車だ。フランスの新工場で生産する前に、マザープラントに指定された日本の工場でまず生産が始まり、フランス工場の従業員訓練も合わせて行う。このやり方は世界の他地域でのトヨタ工場にも同様に採用されている。しかし今回はこの小さな車を日本市場でも販売し始めた。「ヴィッツ」という名前のその車は国内販売担当者の想定を超え、一躍人気車種となった。おかげで日本からの調達部品がフランス工場に必要な数量確保できず、生産が遅れ、欧州での発売当初は在庫不足に悩むという一面うれしい状況となった。当初一八万台だった生産能力は数年経たずして二十万台に引き上げられた。フランスでもこの車の評価は高く年間四万台以上売れた。

一九世紀のフランスの知性であるポール・ヴァレリーは「お互いの違いを知ることによって豊かになろう」と言った。そのせいかどうかは知らないがフランス人と話しているとやたら「相違点」ばかり出て来る。議論が長くなり、取り留めがなくなる。この宗教・文明に由来するとも思われる対立的構造から抜け出すには、「類似性」、「共通性」のある話題を持ち出すのが良いと感じてきた。もし車が嫌いでなければ、日仏間の会話は車から入るとあまり違和感なく進むのではないかと提案させていただきたい。「フランスは近代自動車の揺り籠だそうですねえ。」あたりから会話に入って行けば彼らはあなたの話に乗ってくるであろう。日本のエンジニアによるプジョー四〇六への評価、我田引水的に言えば、前述の「ヤリス」と「ヴィッツ」の話は「類似性」「共通性」を示す一例にもなるのではないか？ただし「あなたの乗っている車は何ですか？」という質問は注意を払い、相手を見ながらした方がよさそうだ。

コラム・1

フランス系の外資企業で働く

牧　陽子

私は現在、フランスに本社を置くアルコールメーカー、ペルノ・リカール・ジャパン（株）の日本法人で働いている。過去には、パリにて化粧品メーカー、パルファム・ジバンシー、自動車メーカー、ルノーでインターンをしたことがあり、フランス人と働く環境に少なからず身を置いてきた。最初に旅行で渡仏した高校生の頃からフランスが好きで、その後も留学（語学留学、大学の交換留学、ＭＢＡ）・観光・出張で、合計一〇回以上訪れている。最近、なぜ私はフランスが好きなのだろう？と考える。周囲からは、フランス人はいい加減である、休んでばかりいる、英語をしゃべってくれない、自分のコミュニティー外の人には無関心等と散々いわれているのに…。もちろん、同じように感じることもよくあるのだが。

ふり返って思うと、フランス人の持つ良い意味で「ぶれない」ところ、そして、個人主義から派生すると思われる「必要以上に干渉しない」ところが居心地が良いのかもしれない。「自信・プライドを持って仕事をする」――日本人は、実際はそういうものを持っているのにうまく出せず、上司に迎合して仕事をしているように見えることがある。フランス人と仕事をしていると、自分自身への誇り、ひいては母国への誇りというものをとても強く感じる。現在、ペルノ社が持つカフェ・ド・パリというブランドのシニアブランドマネージャーとして働いているが、このフルーツフレーバーのスパークリングワインは日本での売上比率が非常に大きく、グローバルブランドでありながら、日本での消費者研究、商品開発のアイデアが多く取り入れられている。毎日複数のメールでのやり取り、電話会議を行っているのだが、フランス側の「どうしても譲れない部分」と日本側で「自由にして良い部分」が非常にはっきりしているように思う。「譲れない部分」に関しては、時にはなぜだろうと思うこともあるが、意思を持って守り続けているものがある。例えばボトルデザイン、新フレーバー開発などのディスカッションをする場合に、ここだけは譲れない、変更できないと主張してくる場合が多々ある。

　周知の通り、フランスはアート、建造物、ファッション、グルメ、ラグジュアリー・ブランド等、他の国がとうてい追いつけない有形・無形の文化財が多数ある。日本からの人気観光地として、新興エリアが浮上した昨今でも、パリは長年変わらず上位に君臨している。長い間人々を魅了し続けるというのは、この「譲れない部分」をきちんと守り続けてきたからではないだろうか。「自信」、「プライド」というのは、時には鼻につくもの。それを毅然とした態度で守り続けてきたからこそ、今のフランスがある気がする。そして、現在のパリのあちこちに見られる日本のマンガ、コスプレ、日本食文化など、うまく他国の良い所を取り入れ、進化し続けていること、これが多くの人に対する魅力を失わせせない秘訣なのだろうと思う。

　一番好きな国は?と聞かれて、私は迷わず「日本」と答える。でも、この発想を持てたのは、フランス人の母国への誇りを目の当たりにしたおかげだということは間違いないだろう。

第2章
フランスビジネス社会を支える人々

2・1　グランドゼコールのネットワーク

有地　浩

相手にもよるが、概してフランスの企業や役所の幹部はエリート意識が強く、うちとけた交流をするのが難しいと言われている。営業のためや市場の情報を得るために、企業や役所の幹部に面会の約束（アポイントメント）を申し込むのは、日本でも大変だが、フランスではとりわけ難しい。アポイントのための電話をしても、その幹部の秘書が「イル・ネ・パ・ラ（彼は不在です）」とか「イレ・タン・レユニオン（彼は会議中です）」と言って全然取り次いでくれないこともしょっちゅうだ。私のパリ勤務時代、ある証券会社の駐在員が「いつ電話しても『ネ・パ・ラ』『ネ・パ・ラ』ですよ。」と愚痴をこぼしていたのを記憶している。また、運よく面会ができたとしても、木で鼻をくくったような応対しかしてくれない。ところがその一方で、フランス人の幹部職員同士では、けっこう親しくつきあっているということもよく耳にする。

「どうすればフランスのエリートたちとうまくつきあうことができるのだろうか。」ということに、フランス人と仕事で接する多くの日本人が頭を悩ませるが、私はこの問題を解く鍵は、グランドゼコールというフランス独特の高等教育制度をよく理解することにあると思っている。

大学とはまったく別の高等教育機関

日本ではあまりグランドゼコールのことは知られておらず、フランスの高等教育機関を列挙せよという質問がなされた場合、普通の人であればソルボンヌ大学と答えるであろうし、少し知識のある人ならパリ大学、リヨン大学などと答えると思われるが、フランスの高等教育機関には大学とはまったく別系統のグランドゼコールがある。そしてその中でも国立行政学院（エコール・ナシオナル・ダドミニストラシオン、頭文字を取ってＥＮＡ《エナ》と呼ばれることが多い）や理工科学校（エコール・ポリテクニック）など十数校は超難関校で、その卒業生は社会的、経済的そして政治的にも大きな力を持っているエリートなのだ。

グランドゼコールの歴史は古く、フランス革命よりも前の十八世紀に、国の主要な機関の幹部要員を養成するための学校として設立されたのが起源だ。普通もっとも古いグランドゼコールとして、一七四七年設立の土木学校（現在のエコール・デ・ポンゼショッセ・パリ・テック）が挙げられる。これに続いて古いのが一七八八年設立のパリ国立鉱業学校（現在のエコール・デ・ミーヌ・パリ・テック）だ。さらに一七九四年には師範学校（現在のエコール・ノルマル・シュペリウール）、中央公共工事学校（現在のエコール・ポリテクニック）、などの学校が設立された。グランドゼコールは当初は国立の教育機関で理工科系中心であったが、一九世紀後半以降、商工会議所が設立したパリ高等商業学校（ＨＥＣ）などの準公的ないし私立の高等教育機関が多数設立された。これらは経済・商業・経営などの文系の機関が中心となっている。また、第二次大戦後にできた国立行政学院（ＥＮＡ）は、大統領や多くの政治家、高級官僚、企業幹部を輩出しており、グランドゼコールの中でも超一流と位置づけられている。

グランドゼコールの確立された定義はなく、またどの学校までが含まれるのかということも話す人によって微妙に違うことがしばしばで、これもグランドゼコールを理解するのを難しくしているが、広く定義すれば、それぞれの学校ごとに入学試験があって、入学後は高度な内容の教育が行われる高等教育機関のことだ。ここで、「入学試験があって」というのは、フランスの大学はバカロレアと呼ばれる統一試験に合格すれば入学でき、個々の大学は入学試験を行わないからだ。

グランドゼコールを受験するまでのルートはいろいろあり、大学で数年間学んでから受験する人もいるが、一番オーソドックスなのは高校に付属の予備校（クラス・プレパラトワール、プレパとも言われる）で二年間勉強した後、受験するというものだ。そもそも予備校に入る学生は、名門リセ（高校）の優秀な生徒たちだが、その優秀な生徒が受験するグランドゼコールの入試の倍率は一〇倍以上と大変な難関となっている。また、グランドゼコールを渡り歩く人もいて、例えばルノーの会長で日産のCEOでもあるゴーン氏はエコール・ポリテクニックを卒業した後、さらにエコール・デ・ミーヌを卒業している。特に国立行政学院（ENA）を受験する学生の多くは、予備校の後、まずパリ政治学院（IEPパリとかシアンスポと呼ばれる学校で、これもグランドゼコールに入れられることもある）で勉強をする。

こうした難関を潜り抜けたグランドゼコールの学生は自他共に認めるエリートで、卒業して企業や役所に入ると、給与も待遇も一般の職員とは格段の差がつけられている。例えば経済財政省のレストランは一般職員用と幹部職員用が別になっていて、一般職員用は半地下のセルフサービス方式のいわゆるカンティン（食堂）で、食器もフランスのスーパーなどでよく売られている耐熱ガラスの食器で、ザワザワ、ガヤガヤした雰囲気の中で食べる。一方、幹部職員用のレストランは高層階にあって眺めがよく、ウェイターやウェイトレスが食事やワインをサーブしてくれ、食器は高級ブランドのもので、料理も格段に豪華だ。

もっともエリートが厚遇にあぐらをかいているわけではなく、ノブレス・オブリージュ（地位に伴う重い責任）で、とにかくよく働く。フランス人と言えば思い浮かぶバカンスもろくに取らない。私がパリの大使館勤務時代に参加していた公的債権の繰り延べのための会議（通称「パリクラブ」）では、毎月一週間程度開催される会議期間中、二日や三日は徹夜になったが、その間、議長も事務局のスタッフも交渉の妥結に向けて一生懸命仕事をしていた。もちろん事務局の担当者は会議のある週だけでなく、その準備等のために債務国あるいはＩＭＦなどの国際機関との打ち合わせで遅くまで働いていた。

エリートクラブのドアを開くには

冒頭に述べたフランス人の企業幹部等とのつきあいの難しさに端的に現れているように、エリート集団に属するフランスの企業や役所の幹部は、自分たちの人脈や情報のネットワークをしっかりと固めていて、外部の者はなかなか入り込めない閉鎖性を持っている。これはしかし、逆の見方をすれば、グランドゼコール出身者の輪の中に入ってしまえば、それまでとはまったく違った大きな世界が広がり、情報や協力を得ることも簡単にできるようになると言える。

そこでどのようにしたらエリートクラブのドアを開くことができるかだが、私は二つの方法があると考えている。その一つは彼らと同じグランドゼコールの仲間になることだ。グランドゼコールの入試の難しさ、それにフランス語で受験し、口答試験もあることから日本人には不可能に近いことを言っていると思われるかもしれないが、やる気さえあればいろいろ方法はある。

現在、グランドゼコールの中には日本の大学との単位の相互承認を認めているものが多くある。また、フランスのビジネス系のグランドゼコールのMBAコースを中心に、高校付属の予備校（クラス・プレパラトワール）等を経由してすぐにグランドゼコールに入るというルート以外に、大学を卒業後、企業に就職してある程度の社会経験を積んだ人にも広く門戸が開かれており、これらは外国人も多く受け入れている。また、こちらがグランドゼコールに行かない場合でも、フランス人の学生が日本の提携大学で学んだり、提携企業でスタージュ（研修）を受けるために来日するので、こうした機会をとらえてフランス人のグランドゼコール生との人脈を作っていくのも一つの方法だ。

私の場合は役所に入った後、人事院が主催する国費留学制度によって財務省（当時の大蔵省）から国立行政学院（ＥＮＡ）に留学した。ＥＮＡではフランス人学生が受ける本来のカリキュラムのほかに外国人学生のためのやや短めの期間のカリキュラムがあるが、講義、セミナーなど、授業はフランス人学生と一緒になって受けるので、フランス人の同級生と親しくなれた。また、外国人コースであろうと何であろうと「ＥＮＡ卒業生」という経歴を得たことが、その後大いに役に立った。

この経歴の威力のほんの一端をご紹介することとしたい。私がパリの日本大使館に着任した後、各方面にあいさつ回りをしている中で、フランス銀行規則委員会の事務局長をしていたカスー氏のところに行った時のことだ。彼はエコール・ポリテクニックを卒業後さらにＥＮＡで学んだ人で、ＥＮＡの卒業年次では私より五年ほど先輩にあたる。あまり口数の多い人ではなく、眼光も鋭いので、初めは少々冷たい印象を受けたが、話が進むうちに私がフランスに住むのは留学時代以来二度目で、留学はディジョン大学とＥＮＡに行ったということを話すと、彼の態度が急にうちとけたものに変わったように感じられた。そして次に何かの用事でカスー氏を訪ねた時は真っ先に「君の名前をＥＮＡの名簿で探したら、ちゃんとあったよ」と言って、その後は当方の質問やお願いにていねいにきちんと対応してくれたのでとても助かった。

また、同じく私のパリ勤務時代だが、当事首相顧問をしていたＥＮＡの同期生のデュケーヌ氏とゆっくり話をしたい用事があったので、首相府に電話をして彼を昼食に誘ったことがあった。とても忙しいので多分断られるだろうと思って、半分はだめでもともとという気持ちで電話したのだが、意外にも仕事の合間を縫ってやってきてくれたのには感激した。

ところでこのＥＮＡの名簿だが、ＥＮＡの同窓生会に加入すると、毎年電話帳のように分厚い名簿が送られて来る。内容は卒業年次別、職業別、アルファベット別、等々に分類されていて、誰が現在どの役所ないし企業のどのポストにいるかがわかるようになっている。このAAEENAは各種のイベントを主催するほか、毎月カラー刷で六〇〜八〇ページの同窓会報を発行しており、立派なホームページも持っている。また、この会報誌には前月中に職場が変わった卒業生の動静が逐一掲載されるので、名簿と会報を合わせれば、全卒業生の最新の状況がわかるようになっている。他の多くのグランドゼコールでも卒業者名簿が発行されていて、卒業生の職業や地位がわかるようになっているようだ。

共通の知的会話もドアを開ける鍵に

グランドゼコールはその由来からして、研究機関というよりは実学を教える場所で、私の経験でもENAでは行政文書の書き方の講義があったほか、ゼミでは架空の大臣からの問題解決指示が学生に提示され、それに対処するにはどうすればよいか議論したり調査して報告書をまとめるといった、実戦的な教育が行われた。また、ENAに限らず他のグランドゼコールでも、企業等での研修(スタージュ)が必須となっており、エリートたちはこうした研修を通じて企業社会あるいは役所社会での基礎知識を身につけ、卒業後の職場にスムーズに適応できるようになっている。

しかし、実学を教えると言っても、彼らが仕事のことしか知らない非教養人であるわけではない。むしろ彼らの文化的・知的水準はとても高いものがある。それは彼らの生まれ育った家庭環境と初等中等教育の間に培われたものだと思われる。グランドゼコールに入る人たちの家庭は、大雑把に言えば都市インテリ富裕層ないし中産層だ。ここで都市というのはパリと言い換えてもよい。なぜなら地方では十分ハイレベルな教育が受けにくいからであって、地方の優秀な子どもはパリの有名リセに入るために、親とともにパリに引っ越して来ることも少なからずある。もちろん地方の主要都市にもパリにあるのと同じような名前の高等商業学校や政治学院は存在するが、そこを卒業して有名企業に入ったり、ENAに入学できるかと言うと、これはかなり難しい。こうした状況について、グランドゼコールを批判する人たちは、グランドゼコールが一定の社会階層の中でエリートを再生産する非民主的制度だと言っているが、これは当たっていないこともない。そして同じ社会階層の人同士だからこそ共通の話題や興味を持ち、お互いの意思疎通や理解が容易で、人のつながりも作りやすいということになるのだと思う。

前述のカスー氏がレジオンドヌール勲章の叙勲を受けた時のことだ。フランス銀行の中でお祝いのパーティーが催され、私も招待されて行ったのだが、驚いたのは、パーティーの主催者のトリシェ前仏銀行総裁（元欧州中央銀行総裁）があいさつをほとんどすべてラテン語で行ったことだ。私はラテン語の勉強は学生時代に三日坊主でやめてしまったのでほとんど理解できなかったが、そこに参加したほかのフランス人はみなざわつくこともなく耳を傾けていた。多分フランス人は、われわれが高校で習った古文や漢文のあいさつを聞くのと同じ感覚で、リセで習ったラテン語のあいさつを聞いていたのではなかったかと思う。そういえば当時、パリクラブの事務局長をしていたシレリ氏（現GDFスエズ副社長）は、リセ時代に古典ギリシャ語とラテン語の成績が非常に良かったと聞いたことがある。

またENAの同窓会の話に戻るが、同窓会の月報のかなりのページが、クラシックから現代音楽にわたるCDの紹介や多数の書評、それに展覧会等の各種の文化的催し物の案内に割かれている。これはENA卒業生が時間的にゆとりのある生活をしていることの証拠かもしれないが、同時に彼らがこうした文化・教養面に関心が高いことの表れでもあろう。

さらにもう一つ、私の知り合いの日本人から聞いたエピソードをご紹介しよう。その人がエコール・ポリテクニック出身のフランスの大企業の幹部を日本で接待していた時のこと。その幹部が良い機嫌になった時に突然アポリネールの詩を暗誦し始めたのでびっくりしたそうだが、このX（エコール・ポリテクニックの卒業生はその校章から通称Xとも呼ばれる）に限らず、グランドゼコールを出た人たちにとってはこの程度のことはあたりまえのことなのだろう。

そこで、グランドゼコール出身者の輪に入るもう一つの方法が頭に浮かんでくる。文化・教養の面で彼らと交流できるようなものを身につけることだ。日本のビジネスパーソンも仕事の知識に加えて、文化教養面の知識を磨くと、フランスのエリートたちとの交流のドアがきっと開くに違いない。

2・2　エリートたちの世界

澤田義博

フランスのエリートの世界は外側からはうかがい知れない意外な世界であることが多い。以下、その実例とその世界の突破法をご紹介したい。

エリートは「秘密」クラブがお好き?

秘密クラブと言っても怪しげなクラブではなく、勉強会のクラブである。筆者が知っている限りでは、パリに五つほどある。会員募集などの宣伝は一切行わない。筆者は幸いそのうちの一つのメンバーであった。筆者が属していたクラブの会員は著名な外資系（フランスから見た）企業の社長たちである。会員数は二〇数名程度。大半はフランス人で、日本人は筆者とあと一名（某大手商社のフランス社長）、ほかにはイギリス人、オランダ人などがいた。副社長以下の役員、官僚、ジャーナリストは入会できない。ジャーナリストがいると自由に議論ができないからである。

もちろん、この夜の会話については守秘義務がある。この意味でも秘密クラブなのである。毎月一回、ディナーにゲストを招き、話を聴き、その後ディスカッションとなる。会話は当然フランス語である。例会出席者は一五～二〇名程度と適度な人数である。ゲストは大企業、多国籍企業の社長、大物政治家、なかんずく大臣、あるいはその経験者、フランスの知識人といった方々である。例えば、オランド（現大統領）、サルコジ（前大統領、当時は右派の大物議員）、オーブリー（元労働大臣）、フィヨン（元首相、当時文部大臣）、メール（当時大蔵大臣）、アラン・ジュペ（元首相、現外務大臣）、スピネッタ（エール・フランス会長、ＣＥＯ）、フォルツ（ＰＳＡ、プジョー・シトローエン会長、ＣＥＯ）、メストラーレ（スエズグループ会長、ＣＥＯ）クシュネール（元外務大臣）等々綺羅星のような名前が並ぶ。

筆者が一番印象に残っているのは、頭が切れるので有名なジスカールデスタン元大統領よりもさらに頭脳明晰と言われていたアラン・ジュペ元首相とのディスカッションで、彼はきちんと原稿を用意し、理路整然とスピーチした。会員もさすがに緊張し、いつもの例会とはまったく違い、張り詰めた雰囲気であった。われわれはまるで彼の閣議に出席しているかのように感じたものである。下手な質問をすると睨まれそうな威厳があった。

この会は毎月の例会のほか、年一回外国旅行（例えば、ローマ、イスタンブール等）、クリスマス・パーティー（会場はヴェルサイユ宮殿、シャンティイ城など）を行い、きちんと遊びも入っていた。会員同士が親しくなるのは当然である。この会の主催者は元フランス経団連事務局長で、とても顔が広く、多くの著名人を呼べるのは彼の人的ネットワークに負うところが多い。またこのようなクラブに参加するといろいろな著名人の話を聴き、議論できるというメリットのほか、会員同士の間はツーカーになり、何か具体的なビジネスがある場合でも、電話一本でＯＫである。筆者も実際にそのような経験をしたことがある。

もう一つの「秘密」クラブ――「モーツァルトおよび大作曲家の友の会」

前述のクラブ以外に筆者が所属していたクラブは趣味の会で、「モーツァルトおよび大作曲家の友の会」と言う。日本で言えば、モーツァルト協会に近いが、活動内容はその質も含めてまったく異なる。このクラブも外部には一切宣伝していない。会員募集もしていないし、会員資格もけっこううるさい。ザルツブルクのモーツァルテウムも、その存在を知らない。この意味で、やはり一種の秘密クラブである。筆者は唯一の日本人会員であった。この会を探し当てるのに二年以上かかった。この会の現在の会長はルカ元文化大臣（ジスカールデスタン大統領時代）であった。政治力があるので、月次の例会もパリの歴史的な建造物で一般の観光客が入れないところで開催されることが多い。例えば、パレ・ロワイヤルの建物の中、上院のマリー・ド・メディシスの間、海軍省のパーティー・ルーム（ナポレオンが海軍将校を鼓舞する演説をした場所）、フランス中央銀行のトゥールーズ伯爵黄金の間等である。ほぼ建築当時のまま残っているので（一部再建されたものもある）、モーツァルトはきっとこんな場所で演奏したのだろうと思わせるような雰囲気の場所が多い。

メンバーもエリートの方々が多く、元欧州中央銀行総裁のトリシェ氏も一時はメンバーだった。筆者は唯一の日本人だと言うので、珍しがられ、かつ、たまたまモーツァルトについては多くのフランス人より知識があったためか、次第にコンサートの後などに感想を求められるようになった。この会で何よりも筆者が驚いたのは、会員の一人はモーツァルトがパリを訪れた時、約一〇日間滞在したサン・ジェルマン・アン・レの旧ド・ノアーユ公爵邸の所有者であるということである。おかげで、われわれ会員は彼の招待で、この屋敷を訪問することができた。過去この館を訪れることができた人々はフランス人も含め、極めて限られた人数だと思う。自分の家をモーツァルトが訪れて実際に演奏していたというのは、筆者などのようなモーツァルト・フリークにとってはまさに垂涎の的である。彼らにとっては、これほどモーツァルトは身近なのである。なお、この会でも年に一回会員の旅行を行っている（ナポリ、リスボン、ディジョン等）。なにしろ、会長が元文化大臣なので、現地のフランス大使館が歓迎レセプションを開いてくれたり、市長が出迎えに来てくれたりした。

こうして見るとフランスではどうやら、エリートたちは秘密裏に会合を持つことが好きなようで、ある意味では排他的でエリートしか入会を認めないという習慣がないと言えなくもない。ただし、こうしたクラブに入るにはコツがある。会員の一人と親しくなると、その会員が推薦してくれて、よほどの反対意見がない限り会員になることができる。

この点はプライベートな友達づきあいでも同じである。フランス人は大体一〇人位のグループだけで親しい交際をしており、このグループは排他的であるが、そのうちの一人と親しくなると、ほぼ自動的に他のメンバーとも親しくなれるというメリットがある。

こうしたクラブ以外に、フランスの旧貴族は苗字に「ド（de）」がつくのであるが、この旧貴族の会もあるようで、筆者の部下がたまたま十字軍時代からのフランス貴族（ナポレオンは貴族の称号を乱発したので、ナポレオン時代に貴族になった家系は差別されている）で、やはりこのようなクラブに入っているとのことだった。一度彼のシャトーに招待されたが、仕事の関係で都合がつかず、これは今でも後悔している。

ちなみにパリに赴任して、フランス企業のトップや大物政治家、高級官僚たちに会った時、何か共通点があるとおぼろげながら感じたことがある。後になって、それがエルメスのネクタイだと気がついた。エルメスのブランドはネクタイについて言えば、決して one of them のブランドではなく、一種のステータス・シンボルになっているようだ。

フランスのエリートはよく働き、よく遊ぶ

フランス人と言うと休暇ばかり取って働かないというイメージを持っている日本人が多いと思われるが、少なくともエリートの連中はよく働く。フランスはこのエリートたちでなんとか国力を保っていると言っても過言ではなかろう。筆者が大蔵省銀行局長とのアポイントを申し入れたところ、当然のごとく、「午後七時でいかがですか?」と言われたことがある。これがすべてを物語っていると思う。欧米日のビジネス界では通例考えられない午後五時を過ぎた時間のアポイントも彼らにとっては日常のことなのである。ランチを約束しても、会議が長引いて一時間くらい遅れてくることもある。一方、七月または八月に一か月の休暇を取るのはごくあたり前である。この間は充電期間でもある。日本人のようにせいぜい一週間ではとても充電の時間は取れない、したがって、良いアイデアを培う時間もなく、長期的に見た場合、フランスのエリートの方がはるかに豊かな発想を持てるということになるのだろう。彼らはフランス語で言う「アール・ド・ヴィーヴル」(「人生を楽しむ術」とでも訳すのだろうか?)が得意で、上手にかつエレガントに人生を楽しんでいる。中流以上の家庭は大体別荘を所有し、バカンスは別荘で過ごすことが多い。もちろん旅行もよくして

いるが、やはり環境を変えて生活することに意味があるのだと思う。

フランスは農業国？

意外にも、フランスのGDPに占める農業のパーセンテージは二％に過ぎない。もちろんワイン、チーズなどの食品加工業があるので、こうした誤解が生じるのであろう。フランスの工業は分野によっては日本より進んでいる。例えばロケット、原子力、航空機、薬品、デザイン等である。フランスは決して、農業国でも、ファッション、ブランドだけの国でもないのである。

そして、この先進的な工業を支えているのがフランスの特にエコール・ポリテクニック（理工科学校）と言うグランドゼコール出身のエリートたちなのである。ちなみにこの学校の学生は七月一四日の革命記念日のシャンゼリゼにおける軍隊行進に参加することでも有名である。また、ルノー・日産会長兼CEOのカルロス・ゴーン氏もこの学校の出身である。最近ではフランスの経済財政産業省（日本の大蔵省＋経済産業省に相当）でもポリテクニック出身の高級官僚が増えている。高級官僚養成のため創設された同じくグランドゼコールのENA（国立行政学院）出身のエリートばかりではない。なお、ジスカールデスタン元大統領はENAとポリテクニックの両方の学校を卒業している。戦後の日本には残念ながら、これほどのエリートはほとんど見かけないと言っても差し支えなかろう。日本の教育は戦後になってからは、戦前の過度な反省からか、エリートを養成する努力をあまりしていないようにみえる。この点は海外に出ると歴然としてくる。

フランス人エリートと部下の関係

筆者がパリに赴任した当初、課長以上の会議を開き、実績報告や今後の見込み等を報告させると、誰もそれ以上のことは言わず、戦略的な話や提案は一切しない。いったいどうなっているのかと不思議に思ったのだが、そのうちわかって来た。彼らは、戦略を考えるのはトップの仕事と考えており、その指示を待っているのである。自分たちの仕事とは思っていない。アメリカもトップダウンだが、意見はいろいろと言ってくる。ここがフランスとアメリカの違いかもしれない。

フランスでは部下が上司に質問することはまずないといっていい。質問すると、無能だと評価されることを恐れているのである。したがって、上司の指示をよく理解しないで、勝手に仕事を進め、途中で聞いてみると、とんでもない方向に行っていることがある。とにかく、フランスではコミュニケーションが徹底されていない。それは彼らの極端な個人主義から来ていると思うが、上司としてはとにかく誤解のないように配慮が必要である。そうしないと多大な時間の無駄使いになってしまう。フランスのエリートは日夜、このような苦労を余儀なくさせられているのである。

また、部下は自分の判断で勝手に行動することがある。これは実際に筆者の社内で起きた話だが、FAX室の社員がある重要なFAXを受領したが、担当部署に持って行ったところ、忙しいと言われ、受領を拒否されたらしい。その社員は何をしたかと言うと、上司に相談することなく、そのFAXを捨ててしまったのである。信じられない話だが、受け取りを拒否されたからと言うのがその社員の言い分である。重要なFAXだったので、後で大騒ぎとなり、筆者は火消しに大変苦労させられた経験がある。ことほどさようにコミュニケーションが悪いのである。

さらに、フランスでは報告・連絡・相談（ホウ・レン・ソウ）がほとんど行われていない。日本では会議があれば、その結果を上司が部下に伝えるのが常識であるが、これがフランスでは常識ではない。まず伝わっていないと考えた方がよい。したがって、社員全員に伝えたいことがあれば、全員集めて直接語りかけるか、あるいは社員全員にメールするしか方法はない。逆にかなり頻繁に部下からの報告がもれるので、上司の方から、あの件はどうなった？と聞く方が無難である。これもエリートの一種のノブレス・オブリージュかもしれない。フランス人を使うには、こちらからも一歩近づくことが肝要である。

エリートと親しくなるには？

まずは、とてもおいしいと評判の、たとえばミシュランで星を複数獲得しているようなレストランに招待し、上等のワインを注文することである。次に大切なのは時間を十分にかけることである。フランス人は短時間のランチやディナーではもてなされたとは感じないのである（アメリカでは比較的短時間である）。したがってランチでは最低二時間、食後酒や葉巻を入れると二時間半から三時間は見ておく必要がある。食事中は文化、芸術的な話題や相手の人となりを理解するための話題とし、ビジネスの話はデザートあるいは最後のコーヒーの時にする。デザート前の会話で先方はこちらの人となりを見定めているのである。ゴルフやスポーツなどの話しかできないとまず馬鹿にされると思った方がよい。それにフランス人のほとんどはゴルフをしない。スポーツ好きとも限らない。特にエリートはそうである。もっともフランスではゴルフは歴史的に貴族のスポーツと考えられており、旧貴族の方々にはゴルファーはけっこういるが（もちろん全員ではない）、むしろテニスや柔道の方が盛んである。となると、芸術の話題が一番である。最近感動したコンサート、オペラ、演劇、美術展、または歴史などの話もよい。時々フランス人よりフランス史や、芸術に詳しい日本人がいるが、こういう人は一目おかれることは間違いなしである。またランチ開始時間の常識は午後一時である。

一方ディナーではビジネスの話は禁物。あくまで社交的、文化的な話題に限られる。当然夫婦単位の食事となるからだ。宗教や政治の話は避けた方がよい。相手によっては口論になりやすいのだ。開始時間は大体二〇時半から二一時頃である。フランス人とのディナーはまず深夜十二時を過ぎると覚悟すべし。

フランスのビジネス・エリートはオープンである。良い提案、条件に耳を傾け採用する。この点では、大変アメリカ的である。規制も少ない。したがって業務は非常にやりやすいし、フランス企業との取引も比較的簡単に開始可能である。とにかく、良い提案、良い取引条件を提示すればよい。もちろん人間関係も大切なので、先述のランチやディナーで信頼関係を築いておくことが必要である。

2・3 フランス人のメンタリティ

高橋 衛

日仏警戒論比較

「それを答えたら仕事になるか」、シャンゼリゼ大通りのど真ん中で最初に私が聞いたフランス語がこれである。一九八七年初夏、着任のあいさつ回りで二六番地の富士銀行パリ支店に戻る途中のことである。要人が通るらしく交通が遮断され散々待たされた。運転手に降りて聞いてこいと命じても新任支店長を馬鹿にしているのか馬耳東風で動かない。痺れを切らして下車して警備の警察官に再三尋ねた答えがこれである。警官の青い目は馬鹿な質問するなと怒っていた。

チャールズ皇太子と故ダイアナ妃が来日された折、青山一丁目の交差点でお迎えしたことがある。歩道には大勢の祝福者があふれんばかりであった。その時、警備の警官が親切にも「お急ぎのところ大変ご迷惑をおかけしております。あと数分でお二人は渋谷の方から赤坂の方にお通りになられます。もうしばらくのご辛抱をお願い申しあげます。」それを聞いた外国人の一人はその警官の墨のような黒目を見た。外国人にとってサングラスをかけたような黒目の表情はまったく読めない。目は口ほどにものを言い、なんてとても無理だとあきらめていた。しかし、あの警官のことばは見物人に拍手や紙ふぶきやシャッターチャンスを知らせることになるが、一方、万一不届きものがいれば危険を招きかねない。何のための警護なのかと思ったことであろう。

パリに着任して二週間で三回の銀行建物爆破事件を見た。当局からは自動車での通勤経路を毎回変えるようにとの通達もあり、一六区の区役所と警察本部の真ん前のアパートに社宅を移した。非常に有名な大通りの戦後に建てられた何の変哲もないアパートであるが、社宅のアンリーマルタンと会社のシャンゼリゼという住所の威力はフランスでは予想をはるかに超える効果があった。

銀行が三つも入居している我が支店のビルの安全性について、当局に聞きに行かせた。当局からお墨付きをもらって総務課長は戻ってきた。大口テナントは富士銀行、イタリア銀行、アラブ銀行、大和証券でオーナーは中東四か国の共同保有である。このようなややこしいビルを狙う奴はいないので安心してよいとのことである。ここまで調べ上げているのには感心させられたものである。

その後、一九九九年パリで世界シンクタンク会議が開催され参加した。会議終了後、フランス語族が打ち上げと称してパスツール研究所近くのレストランに結集した。〝ピシソワール　デ　ランペラテゥリス〟という妙な銘柄の赤ワインで話が盛り上がった頃合いを見て、私はシャンゼリゼでの警官について質してみた。フランス高官の答えは驚きであった。「ムッシュタカハシ、それはよくある話。特に要人が集まるパリではね。でもその交通遮断はダミーであった可能性も高いよ。本当の要人は別ルートで通り抜けて行ったかもしれないよ。」「えー、ここまで用心するのか、フランスではと」脱帽した。

ソリダリテ（連帯）

このことばを日本語に訳すのは難しい。古くはポーランドで後に大統領にまでなるワレサ氏によるソリダリノスチが連帯と訳された。また、ドイツが統一された時に旧東独救済のために特別税として新設されたのが連帯税である。当初は七・五％であったが、最近は五・五％に引き下げられたとはいえまだ残っている。フランスで私が体験したソリダリテはポーランドやドイツと同じような考え方である。日本でも東日本大震災で連帯税が話題に上った。

ある中東系の銀行が破綻したので、預金者保護のために一九八〇年代後半の為替レートで数百万円相当のフランスフランをソリダリテとしてフランス銀行協会の特別に開設した口座に振り込んでほしいという依頼が来た。協会としてもこの銀行の内容を慎重に吟味した結果、預金者は保護されてしかるべしとの結論に達したとの説明文もあった。信じ難いことであろうが、当時の富士銀行（合併後はみずほ銀行）はフランスにおいて四〇〇以上ある銀行中第一三位で支店長は外国銀行協会の役員を委嘱され、紳士録にも日本人としては森英恵さんと並んで掲載され、ドイツではマルクと円の為替相場の仕切り役であった。また、一時は世界の銀行番付で首位を占めていたころの話である。東京の本店にさっそく報告し支払いの承認を求めたところ、「ソリダリテとは？」「アラブの銀行の預金者を日本の銀行の支店が救済するとは？」「よくわからないのでフランス銀行の総裁か大蔵次官に確認せよ」との反応があった。当時のドラロジエール総裁とトリシェ次官を訪問し、ソリダリテに関して教えを乞うた。両氏とも要件を言うと快く会ってくれた。フランスが好きか、パリで気持ちよく商売をしているか、引き続きしたいか、善良な預金者は護られるべきか、自己責任、自己損得、自主判断で銀行協会の提案を考察するか、等がこの二人との面談でのキーワードであった。二人との面談はフランス人エリートの会話と行動スタイルを理解するのには大変貴重な体験であった。

後日、本店への申請書には〝フランス式後払い方式預金保険制度〟と訳して、フランスでの営業活動を積極的に行っている外国銀行の支店としての応分の分担金の自主支払をする件、と説明し問題なく承認を得た。そしてその余勢を駆って邦銀を始め外銀の支店長にフランスの合理的な預金保険制度「後払い方式」を積極的に説明して回った。そのことを大変評価され、その後のフランスでの仕事が大変やりやすくなったし、今でも両氏とは交流が続いている。

この二人の執務室は対照的で面白い。船着き場もヘリポートもあって、陸海空からアプローチ可能な大蔵省の次官室はまるでポンピドゥーセンターのような感じで、エアーシューターとモダンでシンプルな家具が数点あるだけであった。一方、石の殿堂のフランス中央銀行の総裁室は、まるでルーブル宮殿の一室で、家具カーペットともに中国のアンティークで統一され興味深いものであった。後日クリニャンクールの蚤の市でばったり出会い、家具を物色中の同好の士ということでエールの交換をしたこともある。ヨーロッパでは趣味から友人ができることが多い。

日本では戦後長いこと銀行は倒産しないという神話時代が続いていたが、それも泡と消え預金保険制度が導入され、安心とコストが高くなった面はある。

フランス人の合理性では、いつ発動されるか不確実な事態に備えて定期的にすべての金融機関が積立し、その貯まった資金の管理運営する機関を作るのは無駄なコストと仕事を作ると考える。

万一、預金者保護が必要と結論づけられる事態発生時には、フランス銀行協会の本来業務として預金者保護の可否、奉加帳の金額決定、通知、集金、等々をすればよいと考えている。

一方、ドイツ人の合理性でわかりやすい実例は前払い方式である。アウトバーンが一例である。ドイツ人に言わせると、高速道路の有料化は料金所開設費用、人件費、毎年の管理費料金所での停止あるいは渋滞によるガソリンの無駄、時間の無駄等を考えると結局、納税者にとっては年々高くつくと考え、それならばその建設費用分を追加で納税するので、それで無料の高速道路を建設してほしいと考えるのがドイツ人の合理性である。

高い消費税は愛国心より

フランスを旅行して朝食に長いフランスパンのバゲットをホテルで食べた人はどれくらいいるであろうか。クロワッサンを出された人の方が多いのではないか。バゲットを切ったのが出てくるのはフランス人や学生が多く泊まるホテルで、クロワッサンは外国人が多く泊まる二ツ星以上のホテルであるが、実は値段は大差ないのである。バゲットには政府からの補助金があり、もっぱらフランス国民向けのサポートである。外国人には補助がなく、高くておいしいクロワッサンを満足して食べてもらおうと言うのがフランス式発想である。どんな場合でもカリテプリ（qualité prix）がフランス人の発想だ。すなわち、お値打ち感が大切である。ミシュランよりゴーエミヨーのガイドブックが好まれるゆえんだ。フランスのうまいところは消費税の高さを外国人や観光客に感じさせないところである。そのための街作り、料理作り、ソフト作り、観光スポット作り、規則作りは見事である。フランスに旅行に行って不満を言う人は少なく、満足してのリピーターが多い。年間八千万人を超える外国人や観光客から税金を取る一番の良い手は消費税である。ホテルでもレストランでもショッピングでも二割弱の高い消費税が内税で取られている。日本人旅行者は出国する際の免税手続きで、実感する。国の税収における直間比率でもフランスでは間接税の比率が高い。愛国者であるフランス当局者は多分次のように考えているのであろう。

「我が愛するフランス国民よ。魅力的な国を築きあげ一生懸命外国人を誘致し喜んでもらいながら、あの手この手で楽しんでもらい、その度に消費税として国庫に納めてもらったが、まだ歳入不足だ。ついては申し訳ないが、所得税や法人税等の直接税で協力してくれ。これからもより一層外国人から上手に取り立て、皆さんの負担軽減を考えるから、世界一の何度でも行ってみたい国、住んでみたい国、投資してみたい国にするのに協力してほしいし、実行もしてほしい。」

バカンス（連続長期休暇）

よくラテン民族が働くのはバカンスのためであると言われる。フランスに住むとなおさら実感することになる。そして、なにやら日本人としては損をしている気にさせられる。昨今、ＷＬＢ（ワークライフバランス）とかＱＯＬ（クオリティーオブライフ）などのことばが流行るのは、それがない日本でのことでフランス人にはあたりまえの話だ。

私の世代の銀行員は定年までの未消化有給休暇を足し合わせると丸々二年間の超長期休暇が取れる計算になる。夢のようなＱＯＬ人生が過ごせるはずの夢物語だ。

私が二回目のパリ暮らしで住んだのはアンリーマルタン通りである。最寄りの地下鉄「ポンプ通り」駅にある新聞売り場は夏はバカンスで臨時しかし定期的に店じまいする。一方、例えばニースの休暇先には新聞社がバカンス期間限定で郵便で特別に配達してくれる。住んだアパルトマンの部屋のドアは鉄板入りで鍵は上下と横穴三個の頑丈なものである。建物の入口の各戸の表札はイニシャルしか表示されていない。たいてい三文字である。二文字だと日本人だとすぐわかるので我が家もMMTと三文字にした。建物に入るためには暗証番号が必要で、その上リスク管理上ほぼ毎月この番号が変えられるのである。そこで問題なのは出張の多い日本人駐在員である。週末に戻って来て自宅に入ろうとしても暗証番号が変わっていると入れない。単身赴任者は特に悲劇だ。管理人を呼べども週末は田舎の別荘小屋に行っていて夜遅くならないと戻ってこないのだ

隣を合わせて約七〇戸の住人であったがバカンスシーズンに入ると夜電気が灯るのは数戸である。そこには日本人が住んでいると言われていた。ちなみに隣国ドイツでは昼間の見分け方として、窓ガラスが磨かれていない家は日本人の住んでいる家と言われていた。七月一四日以降のバカンスシーズンになると有名レストランも閉まり、パリは一気に観光客の街となる。観光産業界はこの時とばかりアルバイトまで調達し待ち受ける。多くのパリジャンはバカンスでいなくなるのでパリは外国人に占拠される。この時期をとらえて、長年進出に苦労した米英のファストフード店が外国人観光客用としてシャンゼリゼにも進出し大盛況だ。今では地元の若者にも好まれてしまったのでフランス人の舌も狂ってしまうと嘆く長老も多いのである。

コラム・2

ベルギーとフランスの関係

山崎亜也

昔ベルギーに留学した際、フランス人から、*Sois belge et tais-toi* というベルギー人をネタにしたジョーク集をもらったり、「ベルギー訛りにならずに済んだ」と言われた。限られた経験を一般化するつもりはないが、フランス人によるそうした独特の揶揄には、フランス語地域を抱え、歴史的社会的にも関係の深いベルギーを意識下で自国と同一視する、親近感の裏返しという面があるように思う。

実際、両国の関係は極めて緊密で、貿易・投資の例では、ベルギーはフランスにとって輸出入両面で第三位の相手国、逆にベルギーからみてフランスは輸出で第二位、輸入で第三位にある。直接投資でも仏企業一九〇〇社がベルギーで活動し、フランスで活動するベルギー企業に至っては三六五〇社を数える。かつてのフランドル伯領においてベルギーと北フランスは一体であったが、現在も毎日国境を越えて通勤している人々が双方向合わせて三万人に上るという。

フランスを股にかけて活躍するベルギー人は多く、経済界ではトタールやGDFスエズ等の大株主のアルベール・フレールが著名だが、文化面でもメグレ警視シリーズの小説家ジョルジュ・シムノン、人気女性作家のナタリー・ノトンブ、歌手のジャック・ブレルをはじめとして枚挙に暇がない。マンガはベルギーがリードしてきた分野の一つで、タンタン、スマーフなどフランスのみならず、世界で愛されているキャラクターはベルギー人が生んだもの。シュールレアリズムにおけるマグリット、デルヴォーなども含め、ベルギー人は広義のフランス文化圏の発展に大いに貢献してきている。

フランス人のちょっと意地悪な視線もあってか、ベルギー人は自己イメージに過敏で、かつ多分に自己諧謔的である。そうした中、«Sois belge et tais-toi»は「不毛な卑下や自嘲は止めて自然体のベルギー人でいよう」というベルギー人が自らに向けた言葉と解するのが適切なようである。

ベルギーで働くフランス人の中には行動様式の違いに戸惑う向きがあるという。ベルギー社会には、フランス語地域も含めて、時間厳守、ルール重視、協調志向、摩擦回避などフランスよりもむしろ日本に似たところがある。また、実務的で散文的といった側面もあって、フランス流の個性の主張やレトリック重視のアプローチとすれ違いになることもあるようだ。

ベルギー人のそうした特性を十分意識して成功している仏企業も多いが、在ベルギーフランス商工会議所のホームページはベルギーでビジネスをしようとする仏企業向けに、ベルギーはフランスの地域の一つではない、ベルギーには（わざわざ遅刻する）「礼儀の一五分」«quart d'heure de politesse»の慣習はない、長広舌や複雑な提案はだめで現実的な解決策が好まれるなどとアドバイスしている。とりわけ、「ベルギー人はフランス人のことをよく知っているが、逆は必ずしもそうではないことに留意」としているのは両者の関係を象徴している。

フランス人に対していささか辛口の論評となったが、ベルギーとの一体感は例えば、ベルギー人にとっての事故などをフランス中が悲しむという深いシンパシーにも繋がっていることを付言しておきたい。

第3章
フランス人の発想と行動スタイル

3・1　面接試験に見る日仏コミュニケーションの違い

太田垣みどり

フランス的議論の技術

一九九一年から二〇〇三年まで十二年あまりフランスのマネジメント系グランドゼコールＨＥＣ（高等商業学校）に勤務した。さまざまなことを学んだが、私にとってもっとも興味深く思われた体験は受験生の面接であった。十六歳の時に初めてフランスに行き、それ以来フランスとのつきあいが三〇年以上にも及ぶ中で、いつも私の中にあった疑問、「どのようにしたらフランス人ときちんとコミュニケーションが取れるのだろうか？」を解く鍵が見つかったように思ったからだ。フランス語の文法を覚え、語彙数を増やし、いろいろな言い回しも覚えた。そうして覚えたフランス語で会議通訳や商談の通訳もこなした。ＨＥＣの日本代表としての仕事についてからは、学長始め教授陣や管理部門の担当者たちとさまざまな連絡や交渉をしてきた。フランス人とだけ話している時にはあまり感じないのだが、日本人にフランス側の言い分を伝え、フランス側に日本の反応を伝えるといった作業をしていていつも感じたことは、ことばだけを訳してもどちらの側にもピンと来てもらえないということだ。その長年の疑問への答えがここにあった。さて何が問題なのだろう？

論理の運び方の問題

延べ一五〇人あまりの日本人を面接した中で、日本人特有の話し方がフランス的な論理の運び方と相容れない部分を如実に感じた。面接試験という、ある意味極限の議論の場で体感したことは、日仏間での意思疎通の問題点を端的に表しているように思われる。

面接試験では、まず十分間のスピーチが求められる。どのような題材でもかまわない。志望者の選んだ完全に自由なテーマを選びプレゼンし、論じてもらう。それに対する質疑応答ののち、さらに三〇分から時には一時間をかけて、英語あるいはフランス語で、願書を元に志望動機について、日本人とフランス人からなる三〜五名の面接官が質問する。

面接試験はしばしば迷走した。すでに書類選考を通った受験生のみを面接するので、おのおの、それなりの外国語能力を有し、煩雑な受験手続きにもめげずに受験してきただけに意欲も高く、日本の基準からすれば、相当優秀な方々であったと思われる。その方たちが満を持して準備してきたスピーチと質疑応答なのだ。にもかかわらず、「いったい、あの人は何を言いたかったのか?」、面接後に面接官同士で顔を見合わせることも多かった。

コミュニケーション能力が合否を分ける

地政学的にヨーロッパ大陸の中心にあり、古来より多くの民族や文化の交差点にあるフランスでは、文化の前提条件を共有していない者同士が、それでも意志を疎通するための技術を長年にわたって磨いてこざるを得なかった。バカロレアなど重要な試験は言うに及ばず、中学、高校を通して、試験では必ず口頭試問がある。ひるがえって日本の教育の中で論理的かつ効果的に話す訓練はほとんどされていないのではないか？

フランス人にとって、日本人の話の論理性、あるいははっきり言ってしまおう、論理性のなさはほとんど理解を超えているようだ。慣れていない人は知性の程度まで疑ってしまう。

「沈黙は金」の文化と「はじめにことば（ロゴス）ありき」の文化の衝突なのだと思うが、だからといって、文化の違いの問題で慣れればなんとかなるだろうと楽観的に安易に合格させるわけにはいかない。いざフランスに留学してからケーススタディや、口頭試問の多い授業についていけず孤立してドロップアウトしてしまう恐れがある。留学生本人にとっても学校にとっても一番不幸な事態である。マネジメントスクールには全員大金を払って入学しているので、そのような形で足を引っ張る仲間がいればそのクラスの教育効率、ひいては学校の評判やランキングに関わる。付け加えるならば、マネジメントスクールの授業は教授の講義を聴いていれば成り立つのではなく、クラス全員が互いに切磋琢磨し合うブレーンストーミングの場であり、チームワークで課題をこなしていくことが大切なので、一定レベルの、知力、実行力、問題意識を共有できない学生がいることは教育効果を著しく削がれることになる。コミュニケーション能力がないのはハンディキャップどころか死活問題だ。さればこそ、マネジメントスクールでは面接試験に力を入れているのだ。感情の共有を目的とするコミュニケーションに慣れているわれわれ日本人も、なんとか技術と訓練によって欧米人とコミュニケーションを取り、クラスでのチームワークに参加できるようになってもらわなければならない。面接試験ではその観点からの伸びシロを見ていたと言っても過言ではない。その点に不安がある受験生は、心を鬼にして不合格としなければならなかった。

コミュニケーションには、

一、論理的に相手を説得する
二、情報を伝える
三、感情を伝え、感情を共有する

といったいろいろな側面があるが、面接試験で必要なコミュニケーションは圧倒的に一、論理的に相手を説得する技術だ。論理的に話そうと意識して、しばしば見られる間違いは時系列に話すことだ。これは論理性と客観性を混同し、「一、論理的に相手を説得する」、と「二、情報を伝える」とを区別する意識がないことを表している。情報を伝える時はあくまでも論理的に相手を説得するためのデータとして、選りすぐった代表的な事例を挙げるにとどめたい。事象の間の軽重を問うことなしに、羅列されていく事柄を目的もわからず聞かされるのは、面接官にとってもはっきり言って苦痛だ。おまけに当然結論が最後になってしまう。

結論はまず最初に言おう

論理的に話すための一番簡単な方法だ。結論、つまり自分の主張したいこと、自分の発見したこと、自分なりの分析をまず伝え、なぜそう考えるのかを論証していくのが間違いがない。

日本ではよく、起承転結ということを言う。実はこの件に関して筆者は忘れ難い経験をした。フランスでの留学を終えてしばらく後、今度はアメリカのＵＣＬＡの博士課程に在籍したのだが、入念に起承転結にのっとって書いた私のレポートに対し、教授が「君は探偵小説でも書いているのかね？」と皮肉っぽく聞いてきたのだ。つまり、なんで犯人（結論）を最後まで隠しておくのだと不思議がられたのだ。そして親切に冒頭に書いた一番簡単な論文用の論理の運び方を教えてもらい、初めてわかった。起承転結、これは随筆でも書く時の論理の運び方である。「三、感情を共有する」ためのコミュニケーションの技術なのである。

しかし簡単に聞こえるが、結論をまず言うことは実際にはけっこう難しい。なぜならば、驚くなかれ、われわれ日本人の話にはしばしば主張がない。なくても成り立っている（ように見える）。何かについて論ずる時、その事象の沿革、歴史的経緯について調べ上げ、時系列に沿って記述してこと足れり、としていることがいかに多いことか！これは面接試験では「トレビアン　デクリ」（良く描写できている）と片付けられる。もちろん高得点は期待できない、「二、情報を伝達する」にとどまっているためだ。

面白かったのは逆に主張さえあれば、どのような意見を述べようとその中身に対する判断は面接の評価の対象とはならない部分である。素材よりも調理の仕方を見ていると言うとわかりやすいだろうか？そして出来上がった料理の出来よりはプロセスを見ている。

例を挙げよう。受験生の一人がスピーチのテーマとして、「われわれは今後すべからく三世代同居をすべし」と主張し、プレゼンテーションしたことがある。質疑応答ではコテンパンにやっつけられ、つっこまれた。三世代同居をするということに関してあなたの奥さんの意見は聞かないのか？

などなど、丁々発止の受け答えがあり、頑固な受験生はいっかな保守反動な？主張を変えようとしない。面白かったのはこの受験生は主張が一貫しており、つっこみに対してもなんとか自説を保持しこちらを論破しようと努めたとされて、一定の評価を得たことである。彼は視野の広さや公平性などに関しての評価は低かったが、この論戦に健闘したことによって合格の判定を得た。面接官の一人の曰く、「別にうちの娘が彼と結婚するわけじゃないからね」。とんでもない意見であろうとも、それなりに質問に対し答え、つっこみには反論すれば一定の評価を受けるということは目新しい体験であった。あたかも議論というものを抽象的な知的なゲームととらえているかのようである。

フランス人はまずはじめにノンと言う

フランス的な議論では弁証法的過程が暗黙の了解となっている。つまりテーゼに対しアンチテーゼを提示しその上で総括に向かって行く。だからどのような議論であろうと、まずノンと言おうと待ち構えている印象がある。ノンと言った上でその先の総括に向かっていこうという前向きの姿勢なのだが、文化の違うわれわれには一方的な拒否と受け取られ、慣れていないとショックを受けてその先に進んでいかないことがしばしば起こる。日仏間で事態が紛糾して進捗しなくなる場合にはこのノンに対する理解の違いが原因であることが多いと思う。

面接の場でもしかり。自分の主張に対し反論されると立ち往生することになる。反論や批判をともすれば論者に対する個人批判と受け取る日本の風土のためであろう。しかしそこで反論を受けて黙ってしまってはフランス人相手では議論に進展が見られず相手がいらだつのだ。彼らにとっては議論という楽しいゲームに乗ってこないのは無粋でほとんど無礼なのだ。このゲーム感覚を理解すれば、反論に対し、めげずにさらに反論を返すという姿勢は評価に値するということがわかってくる。

しかしわれわれは日ごろ目上の言うことには逆らわないことが暗黙の了解となっており、試験官に対し反論するということを無意識に避けてしまう傾向があると思う。フランスの国是「自由、平等、博愛」は必ずしもきちんと守られているわけではないが、こと言論に関する限りはわれわれの予想をはるかに超えてまじめに守られていると感じる。言い換えればフランス人の態度を見て、われわれがいまだに儒教的な価値観に意外にしばられていたのだなと再発見したような気がした。

相手の意図を明らかにするための聞き返しは失礼かとの自己制御が働き、質問の意図がわからなくても大体このようなことを聞いているのであろうと推察して、見切り発車で答えることもしばしば見られる。これは非常に不利だ。納得のいくまで相手の質問の意図を明確にすることは誠実な態度と取られ、その上で、その質問に対し出来る限りピンポイントで的確に答えるということがフランス人の議論において重要なのだ。あたりまえのことなのだが、意外にできていない人が多かった。聞かれた質問がわかっても、その事象に関して知っている知識を記述して済ませるのでは面接官を満足させられない。ここでもそのことについて自分はどう思うか、できればその事象に関する自分の分析を答えることを要求されているのである。

「ヴー・ヌ・レポンデ・パ・ア・マ・ケスチョン（あなたは私の質問に答えていない）」は直訳した意味以上に厳しい非難のことばである。「ヴー・ネット・パ・ロジック（あなたは論理的じゃない)」とともに。これを言うとフランス人相手ではけっこう喧嘩を売っている感じになる。相手が気色ばむことを覚悟して使おう(余談だが、同様に日本人が「あなたは常識がない」と言われた時の反応はフランス人には予想がつかないだろう)。文化の背景を背負っているので、文字通りの意味以上の非難のことばだ。

日ごろから感じてはいたのだが、質問に対しきちんと答えるということがここまで決定的に重視されていることなのだということは、面接試験に立ち会っていくうちに痛切に学んだことである。フランス人にとって議論は知的なゲームでも、ゲームは真摯にプレーしなくてはならない。真摯に答えるかどうかの方が礼儀正しく目上を敬う態度よりもずっと大切なのだ。

ところでこのように礼儀正しく目上を立てるわれわれだが、実は意外に失礼なことを平気でしているなと思ったこともある。手を尽くして自分が言いたいことを相手にわかってもらおうとの努力をあまりしないことである。独りよがりに言い放って相手にとってわかりやすいかどうか、あるいは興味を持って聞いてもらえるかどうかの配慮をしないのである。しばしば会話というものはキャッチボールにたとえられるが、自分の投げた球がきちんとキャッチャーミットに納まるかどうか意識していないということが多かった。相手に外野まで球を追いかけさせることがどれだけ失礼なことかを、礼儀正しく他人を細かく気遣うと評判のわりに、日本人は不思議に気にしないと感じた。時系列に話すことはその一例である。

質疑応答において、質問されたからとりあえずそれに答えるという受け身な姿勢も目立った。すべての質問は自分の良い点をよりよくアピールするための機会と受けとめて、積極的に自分なりの切り口や分析をなんとか相手に伝えようとすることに臆病過ぎるのではないだろうか。先ほどのたとえを引くならば、受け取った玉は一球も無駄にせず、相手に投げ返して得点にしよう。

しかしアメリカ的な自己アピール「自分がこのプロジェクトを全部発案し成功に導きました。云々」は意外に受けが悪い。日本から見ていればフランスもアメリカも似たような欧米に見えるが、この点では実はけっこう違うなと思った。面白いことにフランス人はアメリカ人をアグレッシブだと非難し、アメリカ人はフランス人をアグレッシブだと怖がっている。自己アピールに関してはアメリカ的なやり方はフランス人にはやりすぎと映るようだ。また、フランス人がまずノンと言うところにはアメリカ人も面食らうようで、ノンと言われて戸惑っているのはわれわれ日本人だけではない。

将来へ向けて

実際フランス人の論理的議論の技術は独特であり、フランス文化の精髄と言えるほど傑出したものだと思う。議論をすれば、まず負けてしまう。だからといって議論に負け続けることは、われわれにとってだけではなくフランス人にとっても不幸なことだ。伝え方は違っていてもわれわれにも伝えるべきものがたくさんあるからだ。グローバルな時代に、文化の多様性を確保していくことは喫緊の課題だ。しかし今後のコミュニケーションのあり方は、文化の前提条件を共有しないもの同士でも意思の疎通が図れる方向に収斂していくのではないかと思う。その意味でフランス的な議論の技術は考察に値すると思う。

3・2　フランス女性のライフスタイルとビジネス

足立純子

小学生のころよりヨーロッパには強い関心があったが、自分がこれほど深くフランスと関わることになるとは思ってもいなかった。四回にわたって合計十三年間海外駐在員の妻を経験したが、そのうち三回はフランス駐在である。最初はベルギーのブリュッセルで、その間次女を現地で出産し、二回目はパリ四年間で主に二人の子育てと自分の勉強に充てた。そして三回目と四回目は北フランスのリールに三年間、パリ三年間で子どもの勉強のサポートをしつつ、合計六年間憧れていたフランスでの仕事を思いっきり満喫した。今はフランスのグランドゼコールＨＥＣ Ｐａｒｉｓの日本代表としてこの七年間日本とフランスを行き来している。

その間、日仏の教育の違い、働くフランス女性のたくましさ、それをサポートする男性たちと社会をしっかりと見てきた。そして何より人生は楽しむためにあるというフランス人のマインドにどっぷり接してきた。日本でも家庭を持ち子育てと仕事を両立している女性が多くなったが、フランスに比べると少ないし、仕事を続けていても時間に追われ大変な思いをしている人が多い。仕事をしつつ人生を楽しむライフスタイルがしっかり定着していないように思う。

しかしフランスでも女性が仕事を持つようになったのは一九七〇年以降だそうだ。それまでは結婚した女性の多くは仕事をせず、しかもカトリックの国とあって離婚や避妊も認められていなかった。一九六八年の五月革命以降、この四〇年ほどの間に現在のように変化したフランス。その間に仕事をする女性のためだけでなく、社会全体のその時々の必要に応じて育児や教育制度、各種手当などができてきた。フランスの国家予算に占める教育費の割合は大きく、行き届いた保育、教育への援助、環境が整えられてきたのである。

フランスの子育てと教育事情

公立の幼稚園に入るのは三歳から、私立の幼稚園ではおむつが取れていれば二歳半から受け入れる。もちろん働くお母さんのためには〇~三歳児までの託児所クレッシュ、パートタイムや仕事をしていない人でも子どもを預けることができるアルト・ギャルドリーがある。またアシスタント・マテルネルと言うが、自宅で子どもを預かる人もいて、これには行政からの料金の補助もある。ヌヌという保母の資格を持つ人が自宅で何人かの子どもを預かったり、また通いで子どもの面倒をみることもある。さらにヨーロッパでは学生がしばしばアルバイトでベビーシッターをしており、夜の外出などには手軽に利用されている。オ・ペアと呼ばれるが、語学習得のための外国人学生を自宅に住まわせて家事と子どもの世話をしてもらうこともある。ヨーロッパでよく見られるホームステイシステムである。このようにさまざまな形態で子どもの面倒をみてもらうことができるのである。それでも、当時パリ商工会議所で仕事をしていた時の同僚は、人気のある公立のクレッシュに入れるのには登録してから抽選があるとぼやいていたし、このところフランスはベビーブームで思うようにいかないこともあるようだが、日本に比べるとはるかに恵まれていると思う。

娘がパリの小学校へ入学した時のこと。初日であるが入学式のようなものはなく、第一日目から、朝八時三〇分に登校の後、お迎え時間は十六時三〇分であった。親の方が落ち着かない一日を過ごし、早めに迎えに行くと待っているのは、母親らしき人というより、若い女性が多い。ベビーシッターかオ・ペアで、子どもの迎えと母親が帰宅するまで面倒をみるそうだ。

当時は子どもが十一歳になるまで、親または決められた人が子どもの送り迎えをするのが義務となっていて、子どもが一人で通学することはできなかった。誰が送り迎えをするかはあらかじめ登録しておかなくてはならない。「誘拐があるから」と言われた時には、日本でも時々聞くニュースを思い出したが、これを防ぐための方策としては徹底していると思った。朝、出勤途中の父親が子どもを学校の前まで送る光景をよく見かける。車の中で子どもは父親との会話を楽しむ。

子どもが帰宅すると、お昼には何を食べたかの話になった。校内でとる昼食をカンティーヌと言うが、小学校といえどもアントレ、メインにチーズとデザートがつくという内容、さすがガストロノミーの国、フランスと驚いた。

学校が始まって間もなく、一年間に使用する教科書を一通り持ち帰ってきた。だが、教科書は学校から借りるものなので新品ではない。一年が終わると学校に返却するので、中に書き込んだり、マーカーでしるしをつけることは厳禁だ。すべて透明なビニールでカバーをかけ、一年間大事に使う。また制服なるものもないし、幼稚園でも日本のように指定の制服、通園バッグなど一連のものを買いそろえる必要もなく、子ども自身の自由な発想・感覚が養われるように思う。

かくして九月に新学期が始まる。小学校一年に相当する学年の子どもでも一日に学校にいる時間は長いが、五週間おきに一～二週間のお休みがやってくる。十月末に一～二週間の秋休みの後、クリスマス休暇、二月ごろに冬休みというのがある。この二月の休みは、フランス全土が三区分され、休暇期間がずれるように組まれている。多くの家族がスキーに行くので、ゲレンデが混みあうのを避けるためだそうだ。このシーズンはみなこぞってスキーへ出かける。その後は復活祭のお休みが四月ごろにあり、六月に学年が終わり長い夏休みとなる。夏休みといえども、宿題が課されることはない。バカンスだから思いっきり楽しむ。リゾート地のホテルやマンションの予約は一週間単位で、同僚は気に入ったところへ毎年一か月行くと言う。そこで知り合った家族とここ数年夏を一緒に過ごしていると言っていた。

小学校では水曜日またはこの日の午後は学校がお休みで、パリの各地区で子ども向けの活動が用意されている。フランスの小学校では音楽、図工などの授業はないことが多く、水曜日の午後は子どもが希望する活動をすることになる。ピアノ、バレエ、男の子ならサッカーチームに入ったり、また子どものお誕生会などはこの水曜日の午後に行われることが多い。週四日間の仕事をして水曜日は子どものために費やすという同僚もいた。

娘の誕生会にクラスの友達を招待したところ、娘から「仲良くしている子が来ない」と聞いた。迎えに行くとちょうどその友達がいたので直接「お誕生会に来れないの？」と聞いてみたところ“Je vais chez mon Papa.”（その日はパパのところに行くの！）との屈託のない回答。フランスでは離婚が多く、娘が行っていた学校のクラスの半分近くは両親が離婚、または再婚であった。しかし親権はまったく同等、親が別居しようが離婚しようが両親は永遠に子どもたちの母であり、父なのだ。

フランス人はゆとり社会に暮らしているようにも見えるが、実は小さいころからかなりの競争社会でもある。テストは頻繁、小学校といえども毎回校内にランキングが張り出される。堂々と落第もある。学年末の成績が悪いともう一度同じ学年を繰り返すことになる。これはさほど大事件ではない。わが子が落第した、とごく自然に話しかけてきた母親がいた。もちろん落第自体は恥であるから、日本の感覚なら隠したいところだし、わざわざ知らせることもないと思うが、このあたりはオープンだ。日本では病気等による長期欠席の場合などは別として落第はないと言うと、彼女たちは逆に驚いていた。その学年のことが理解できないまま次の学年へ上がっても授業についていけずかわいそうではないか?と言う。そう言われればその通りだ。

学年末のテストで、娘が思わしくない点をもらって来たことがある。答案を見ると内容は合っている。どこが違っているのかわからない。翌日思い切って先生に聞いてみると、「彼女の答案では事実はあっているが、彼女の意見が述べられていない」とのこと、日本の学校ならほとんど満点の回答であるのにと思ったが、フランスでは常に、自分の考え、意見などが入らないと評価されないようだ。小さい時から、事実をとらえ自分の考えを述べるという教育があると思った。授業も参加型で、試験の方法も小さい時から記述式が多い。このような教育を経て高等教育に進むから、みな発表、討論会などはもっとも得意とするところだ。仕事でも会議でフランス人はよく話し、そして主張するとずっと思っていたが、そのような教育を受けてきているからか、と納得した。

日本では、授業参観、父母会、ＰＴＡなどがあり、しばしば親が学校へ出向き子どもの学校生活を垣間見る機会が多い。一方、フランスではそのような機会は本当に少ない。様子のわからない外国で子どもが多くの時間を過ごし学ぶ場はどのようかと、初めはかなり不安になる。年に二度の教師との懇談会は、土曜日の午後と平日の二〇時であったのには驚いた。日本の小学校では、平日の午後二時ごろからの授業参観に続き父母会、ＰＴＡの会合などが通常であるから、これに出席するためやりくりして年休を取っていた。初めての懇談会の案内が届き、平日の二〇時に出向くと、娘のクラスメイトの親と思われるフランス人が懇談会にやってくる。しかも半分以上は両親揃っての参加である。熱心に話を聞き質問をしていた。ここにも父親の参加があるし、このような懇談会の時間設定は働く母親が多いことの表れであろう。

子育てに奮闘しながら垣間見たフランスの学校生活、教育の方法、家庭生活、このような経験が異なる国民を理解するのに大いに役立っている。

フランス女性のライフスタイル

フランス、特に都会では母親が仕事をしているのはあたりまえで、子どもは独立心が強く、自分の意見をしっかり言えるよう教育される。男の子は家事、育児の分担をさりげなくこなす父を、女の子は、仕事と家庭を両立させてさらに余暇を楽しむ母を見て育つ。フランスでは五週間の有給休暇があるから、ゆっくりと家族との時間を楽しむこともできる。日本と比較すると圧倒的に働く女性のための環境が整っているし、夫やパートナーの自然な家事、育児への参加はうらやましいと思う。また子どもを育てる過程で、女性がしっかりと働けるよう、その間子どもの面倒をみてくれる施設が十分にあるというあたりまえの事実はもっとうらやましい。さらに出産、育児休暇は三年間あり、この間職場の地位が保証されるのだから、安心して育児に専念できる。

日本にいると、家事をお手伝いさんに頼むのは、やはり一部の家庭に限られると思うが、フランスでは普通で、仕事を持つ女性は多かれ少なかれ掃除やアイロンかけなどを頼んでいた。留守中に家の掃除を他人に頼むのは？と初めはためらったが、勧められて試してみた。それが生活パターンの一部となると、なんと時間にゆとりのできることか。こうしてその分、仕事の後ディナー、コンサートにも出かけられ、休日にあたふたと駆け回ることも少なくなる。このように家事を手伝うことを職業としている女性も多いわけだが、あらかじめ支払い用のクーポン券を購入しておき、その都度このクーポンで支払うという制度もあった。現在はインターネットで登録し、サービスを頼む人の社会保険情報なども登録しておくと、月ごとに自分の口座より支払われるようになったそうだ。このCESU（ユニバーサルサービス雇用小切手）費用は税金控除の対象となり、万が一、清掃中に怪我などしても治療費が保険でカバーされるようになっているという合理的なシステムである。

ある時、他部署の同僚に用事で電話をかけると、子どもの具合が悪く出勤が遅れるとのことであった。ちなみにこの同僚は男性である。後から聞いたら奥さんは大事な会議があり、彼が子どもを病院へ連れて行ったそうだ。もちろんフランスでもこのような時にはやはり母親が仕事をやりくりして子どもの突然の出来事に対応するケースの方が圧倒的に多いであろうが、仕事場の雰囲気全体がそうなので、それほど違和感なく彼の不在が成り立っていた。

毎日とはいかないが、夜仕事が終わってから、夫婦（またはカップル）で食事やコンサート、各種集まりに出かける。子どもが小さい場合には、ベビーシッターを呼べばよい。よその人に子どもを頼んでまで出かけるのか、などという世間の目はまったくないし、フランス家庭の子どもも、それが普通なので、むしろお姉さんに遊んでもらえて喜んでいるようだ。日本では会社の同僚同士で「仕事帰りに一杯」ということが多いが、フランスでの外食はまずは家族間、そして親しい友人間で行われ、会社や仕事が絡むケースは圧倒的に少ないと思う。

北フランス在住時代、人懐っこい北の人たちの家庭に頻繁に食事によばれた。それぞれに素敵なテーブルセッティングがされていて、二十時ごろからみな集まりシャンパンで話がはずむ。テーブルにつくと二十一時をまわり、前菜、魚、肉、デザート、コーヒー、食後酒と続き、けっこう体力勝負となり、楽しさと早く帰りたいという気持ちが同居する。ところが午前〇時前に帰るのは失礼にすらあたるそうで、翌日仕事があっても帰宅はいつも午前一時ごろであった。我が家でもお返しの招待をすることになるが、当方も夫婦でフルに働いているので、楽しいのは間違いないものの、料理の準備などけっこう時間をとられることになるのも事実。そこでまた同僚の知恵を拝借した。食事のケータリングサービスである。もちろん日本でもケータリングはあるが、こちらでは食器からサービス、片付けまですべてしてくれるので、仕事を終えてからディナーに招くことも可能となる。働く女性にとって大いに助かるサービスである。

パリの同僚、北フランス時代の女性の友人たちはそれぞれほとんどが仕事を持っていたが、そうでなくてもボランティア活動などで社会と接点のあることが多い。地域活動、いろいろな国への支援活動などさまざまだが、非常に活発であるのに驚いた。子どもも小さいころからボランティア活動に積極的に参加して育つ。

女性が社会へ進出するようになり、離婚の割合も高くなった。子どもがいる場合にはやはり事情は複雑である。そして最近は離婚したくないから、結婚もしない、でも子どもはほしい、というケースがかなり多い。また、一九九九年にはＰＡＣＳ（パクス、Pacte Civil de Solidarité の略）というカップルの契約形態ができた。結婚はしなくても、パクスを結べば、税金や財産所有権など婚姻関係に準じるメリットがあるというものだ。このパクスの関係で子どもがいることも多い。現在婚外子の割合は半分以上、二〇〇六年には嫡出子と婚外子の権利は完全に同等になったそうだ。

このようにフランス女性は、結婚あるいはパートナーとのパクス契約で、子どもができても仕事を続ける。一九九四年に一・六六だった出生率は、二・〇一に上昇した。人生を楽しみつつ子育てもしているようだ。日本でも出生率の向上は最重要課題だが、上記のようにフランスに存在するような社会のサポートの充実が大前提であることは言うまでもない。

欧州随一のグランドゼコールＨＥＣ Ｐａｒｉｓの仕事を通じて

ＨＥＣは一八八一年パリ商工会議所により設立されたマネジメント系グランドゼコールで、現在は従来からのグランドゼコールのマスターコースのほか、ＭＢＡ、エグゼクティブＭＢＡ、PhD、エグゼクティブマネジメントなど幅広くマネジメント教育を提供している。一九七三年には女子にも入学資格が与えられ、以来女子の割合は年々上昇し、現在グランドゼコールではほぼ男女同数、Ｍ

ＢＡでも約三分の一は女性である。また専任教授も五十五％が外国人であるが、女性の占める割合は三分の一以上になる。ＨＥＣでは、企業での研修、特に海外での研修が卒業の要件になっている。日本で半年の研修を希望する学生も以前に比べて多くなってきた。あるフランス系の企業からの依頼で研修生を募ったところ、なんと女子学生の希望者の方が圧倒的に多かったという事実もある。

ＨＥＣのＯＢは世界中に四四、〇〇〇人、地域別、職種別などに分かれて活動が行われている。特に女性の分科会は頻繁に会合、講演会などを開催して、ネットワークを広げている。企業幹部になったり、起業している人も多い。

ＨＥＣの日本代表事務所では、日本の大学との学生・教授間交流や共同研究のサポート、プロモーション、学生のリクルート、企業との連携、日本でのＯＢ会活動など多岐にわたるが、こうした日仏双方の学生交流を支援できる立場にいることをうれしく思う。キャンパスで接するＨＥＣの学生たち、そして日本との提携大学（東京大学、慶応義塾大学、一橋大学）から留学する日本の学生たちはみな目を輝かせている。若い時の留学は、もちろん学業も大事だが、それ以上に異国でさまざまなことを学ぶ貴重な経験となる。

またＭＢＡ留学希望者のための大きなイベントが年に数回東京で開催され、ＨＥＣも毎回参加するが、女性の参加者が増えている。キャリアチェンジのため、海外で仕事をしたい、など積極的でまことにうれしいことである。今後日本でもこのように頑張っている女性たちが育児と仕事を無理なく両立できる環境を整えてほしいと思う。労働人口が減り、女性の力は一層必要とされている。高等教育まで受けてその能力を活かせないのは女性個々人の損失はもちろんのこと、社会にとっても損失である。バリバリと仕事し、社会貢献し、同時に女性として、妻として、母として充実した人生を楽しんでほしい。そのあたり、日本人女性はフランス人女性に、日本社会はフランス社会に大いに見習うところがあると思う。

3・3 トリプル価値（恋愛・仕事・子育て）共存のフランス女性モデル

瀬藤澄彦

ヨーロッパの中でもフランスは異色である。特にフランス型女性のライフスタイルがあらためて注目されている。日本にとっては、女性労働力、出生率、男女関係など正反対といえる国である。これら三つのジレンマを収斂させるフランス式パラドックスとは何だろうか。

公務員、教員、司法職、医療では女性が男性を上回る

フランス女性のモデルでは、仕事も子どもも恋愛も、可能にするように見える。そしてこのことが経済体質を柔軟でショックに強いものにしている。例えば、子どもを二人以上抱えながら仕事する。結婚には踏み切らないが、ＰＡＣＳと呼ばれる男女の連帯協約制度でカップルとして一緒に生活する。これが現代フランス版の平均的な実像である。重要なことは仕事と子育てと恋愛が、それぞれ独立して成就されているのではないということである。この三つの変数が相互に相乗効果を発揮するところにフランス式モデルの秘密があると思われる。

今や公務員、教員、司法職、医療などの分野では女性の方が男性を数の上では上回っている。私

が一九九七年から三年間勤務した、パリ・ベルシーにあるフランス経済財政産業省では圧倒的に女性が多い。日本と違うのは年を取っても辞めていく人は少ないことだ。フランスではほとんどすべての女性が定年まで勤務する。男性に頼らず自活するために最後まで働き続ける。

私の知っているジャクリーヌさんは対外経済関係局（DREE）に勤務した後、定年まで働いて現在はパリ一五区で年金暮らしだ。今は好きな園芸と絵画鑑賞とテニス、それにトゥールーズの別荘の管理で忙しい日々を送っている。もう一人のアンヌさんは長年、DREE勤務の後、現在はフランス・ワイン製造業者協会の事務局長に出向している。定年になったらロワール地方の家に帰って老後を過ごしたいと言って立派なシャトーのような邸宅の写真を見せてくれた。二人とも結婚していない。パリには彼女たちのように一人住まいの女性が圧倒的に多い。映画祭で世界的に有名な南仏のカンヌの市庁舎に勤めるローランスさんは、市の国際担当課長。要人が世界から押し寄せてくる毎日で多忙を極める。テルアビブやビバリーヒルズや静岡市などとの姉妹都市との交流事業に情熱を燃やす。パリのジェトロ（日本貿易振興機構）に勤務するフランス人のスタッフでは運転手以外はすべてフランス人女性。ほぼ全員が永年勤続表彰に値するくらい長年勤務している。

仕事と子育てと恋愛のトリプル価値共存

このような仕事・子ども・恋愛の三つの価値が並存できるモデルとは何か。それはフランスが過去二〇〇～三〇〇年の歴史の中で培ってきた経済社会構造の豊かな学習経験とそれをベースにした政策の中にある。次の表は「フランス式トリプル価値共存モデル」の要因を分析したものである。

フランス式トリプル価値共存モデルの要因分析

	シングル価値（恋愛）	ダブル価値（恋愛・仕事）	トリプル価値（恋愛・仕事・子育）
恋愛環境要因 中絶（75年）離婚（75年）レイプ禁止（78年）ピル法案（67年）家族計画制度	○	○	○
社会参加要因 68年5月革命・男女平等憲法前文に規定・夫婦財産平等制・男女雇用機会均等（83年）・選挙パリテ法・上場企業役員女性比率法（2010年）・不倫許容社会		○	○
出産動機要因 フェミニズム運動（ショワジール）・一人暮らし・高齢出産・人生ステージ論・複合家族・婚外子同権（2006年）・複合家族アルテルネ・連帯市民協約（ＰＡＣＳ）（99年）・乳母社会（バダンテール）・保育託児所・育児国家責任論・職場地位保証制度・育児休暇・週35時間労働			○

（注）筆者が経営学の欲望階層説と経営学モチベーション理論から着想を得て作成

第一にフランス女性は法規制度的な環境整備によっていち早く恋愛の権利を獲得したことである。六八年の五月危機はこのような状況が頂点に達した時であった。一九二〇年以来、禁止されていた避妊と中絶が認められ、男女の自由な性交渉が社会的に認知されたのが一九七〇年代である。フランスも長い間、実は女性の性についての考え方は極めて保守的な社会であった。当時、シモーヌ・ド・ボーヴォワールの著した『第二の性』は子どもを産むことも結婚も拒否する女性の自由な人生選択の考えに大きな影響を与えた。

第二に恋愛の自由を獲得した後、今度は男性主導型の制度を是正する動きが拡がった。夫婦の財産、企業統治における女性役員比率、国会議員や地方選挙における男女比率の均等化などを通じて急速に女性の社会進出が加速した。今や女性の六三・八％（二〇〇五年）が労働力人口に加わっている。家にとどまるという女性は例外の存在のようにさえなった。人生において仕事に携わって社会とのつながりを持つことは男女共通の認識となった。

そして第三の子育ての自由である。愛と仕事に対する欲望の後に訪れてきたのは必要に応じて子どもを育てるという自由についての欲求である。職業キャリアを身に着けていくうちに、出産の時期はどうしても遅れがちになる。今や高齢出産は珍しいことではなくなった。私がパリのフランス経済財政省に勤務していた時の上司で、現在、フランス国際技術協力庁（ADETEF）の長官であるアニエス・アルシエ氏も四〇歳を過ぎてから二人の娘を出産している。当時、同じ省内でも子だくさんで知られていたのは中小企業室長で、後にフランス国際投資庁（AFII）の長官になったクララ・ゲマール氏である。私の三年間の出向期間でも、彼女は記憶に間違いがなければ二回出産して、全部で八人の子育てに挑戦していたことはフランスでも有名であった。ちなみにご主人はラガルド財務大臣の前に財務大臣のポストにあったエルベ・ゲマール氏である。一番、印象的なことは長期の産前産後休暇で職務を離れることに対する周りの理解である。そして重要なことは復帰した時に一切のハンデイキャップをつけずに元のポストに帰り咲いていることである。この二人の女性はＥＮＡ（国立行政学院）を出た最高のエリート官僚で、普段はその猛烈な仕事ぶりで省内でも有名であった。

「ママより女」？

フェミニズム運動思想家として有名なジゼール・アリミが「ショワジール」（choisir 選択する）として提唱したようにフランス女性は今や人生のステージを自分の意志で選択できるようになった。日本でジャーナリストとして活躍するドラ・トーザン氏も近著『ママより女』の中で同じことを言っている。二〇歳代は仕事に没頭し、パルトネールとかコンパニオンとも呼ぶ同伴者との間に三〇歳代で第一子を持って、場合によっては、別居してシングルマザーになって一人暮らしを謳歌しながら仕事も子育ても同時並行でこなしていく。四〇歳代になって今度は新しい男性と連帯協約ＰＡＣＳで共同生活を始め、第二子をもうける。このような人生ステージ論を支えているのは、一つは女性の人生の節目、節目の時期に「踊り場」を設けて社会がそれを応援していることである。経済的な自立に支えられた出産が可能となり、離婚が珍しくない時代となり、婚外子と嫡出子の差別も撤廃された。事実婚で生涯、一番理想な相手を探したとしても経済的、法律上の不利をこうむることはない。複合家族、連帯市民協約、乳母社会、保育託児所、育児国家責任論、職場地位保証制度、育児休暇、週三五時間労働…など彼女たちの子育てを支援する制度が次々に整備されている。単に出産・育児・子ども関連の諸手当だけではなく、子育ては母だけでなく社会のもの、国家の事業という考えが垣間見えてくる。

世界最先端をいく女性思想の国

「女性は女に生まれるのではない。女になるのだ」。この文章で始まるボーヴォワールの『第二の性』と題するエッセーほど、世界中に衝撃を与えた本は少ない。それまでの男女関係や結婚観を大きく揺るがすものであった。サン・ジェルマン・デプレのカフェ「ドゥマゴ」に集った実存主義者サルトルとの事実婚関係は伝説になるくらい有名であった。ところが私がパリにいたころ、もっとびっくりするような事実関係が暴露された。彼女には別の米国人の愛人がいたことが彼女の日記からわかったのである。

また、私が八〇年代の後半、カナダ・モントリオールに駐在して住んでいたころ、カナダ名うての女性作家のドニーズ・ボンバルディエ氏にインタビューしたことがある。その時彼女が、「私はフランスのバダンテール氏の新たな隷従の考えを支持する」といったのが印象的であった。私はそのエリザベト・バダンテール氏の書いた『あなたと私』や『イダンティテ　XY』を読んだ時の新鮮な大きな驚きを今でも忘れることはできない。「静かな革命」で、長い保守暗黒のケベックから劇的に自由な社会に到達した変革の主役はそこでも女性であった。バダンテール氏は人類の歴史において女性特有とする母性概念を真っ向から否定する。授乳からの開放、妊娠出産からの開放、このような主張を人類学的に検証してみせたのだ。これは男性中心の考え方を根底から覆す革命的とも言えるものであった。

「スミヒコ、私は職場での女性の数の割当を強制するパリテの考えには反対だわ」

「どうして？」

「本当の男女平等につながらず、能力のない女性が不当に優遇されたりする危険性がある」。

もう一人、行政部門女性地位推進委員会長であったアニエス・アルシエ氏はこの割当という考えに代えて「女性指数」という概念を男にも女にも呼びかけている。これまでフランスでは長い間、命令・指揮などがフランス的官僚経営の本流をいくものとして評価されてきたが、他者とのコミュニケーションを重視する考えこそ「女性的」であるとするこの考えは今、フランスの経営学に新風を吹き込んでいる。

二〇一〇年春、そのアニエス・アルシエ氏がクリスティーヌ・ラガルド財務大臣からレジオンドヌール賞を授与される式典がベルシーの大臣庁舎で行われた時、招待を受けた私はうれしかった。なぜなら大臣のスピーチの相当部分が、私が訳したアルシエ氏の著書『女性指数が経営を変える』の日本語訳出版へのお祝いのことばだったからである。その大臣が、国際通貨基金（ＩＭＦ）の専務理事に就任したのはうれしい限りである。

「ガラスの天井」も溶解の兆し？

女性に関する思想ではフランスは世界最先端の情報発信地だが、足元の現場では意に反してフランス女性の社会進出は決して進んでいる方ではない。企業の取締役会に占めるフランスの女性役員比率は FTSE Eurofirst 調査の欧州上位三〇〇社（二〇一〇年）の平均一一・九％に及ぶか及ばないかである。ノルウェーは早くから女性役員の割当制を設けて四四％、スペインでは四〇％比率を二〇一五年までに達成する法律制定するなど急ピッチである。これに対してこのような米国流のアファーマティブ・アクションに相当する女性役員割当制に英仏などでは慎重な意見がある。英国では経団連（ＣＢＩ）が割当制に反意を唱えている。それでも二〇一一年、ＥＵ委員会の提案に沿って女性役員比率四〇％法案が議会で可決され、二〇一七年までに大企業では達成の義務が課せられた。フランスの相対的な女性の社会進出は国際的に見てお世辞にも高いとは言えない。これはその先進的な女性解放思想のパイオニアの国というイメージとは対照的である。これも一つの「フレンチ・パラドックス」であった。

ところがである。二〇〇八年のリーマン・ショックの金融危機を契機にして状況に変化が訪れた。米国で「メンズ・リセッション」（男性不況）とさえ呼ばれる金融危機に伴う一一〇〇万人の雇用喪失のうち、その三分の二は男性であった。フランスでも男性の失業は女性の二倍のスピードで進行するようになった。建設や工学エンジニアなどの職業部門ではまだ男性が優位だが、今や教育、司法、医療の分野では急速な勢いで女性が男性を追い越している。さらにこのような傾向を加速させるような事実がここ数年、明らかにされている。女性役員比率と企業パフォーマンスの関係である。

株価・資本収益率は女性の多さと比例して上昇する。業種にもよるが総じて顧客アプローチについては女性が男性よりも能力が上回っているのである。最近ではフランスの経団連（MEDEF）の会長にローランス・パリゾー氏が、ドイツ首相にアンゲラ・メルケル氏、ブラジル大統領にデイルマ・ルセッフ氏、イタリア経団連会長にエンマ・マルチェガリア氏が就任した。

もちろん、彼女たちも犠牲を払っている。まず第一にいわゆる「ガラスの天井」が厳然として存在していたことである。経営陣のすぐそばまで昇進したものの、それ以上のポストに就けない。英国日刊紙フィナンシャル・タイムスが毎年発表している世界上位五〇女性経営者には、二〇一〇年フランス核燃料公社アレバの社長アンヌ・ロベルジョン氏が第一五位に入るだけである。彼女に続く女性としてはPPPグループのパトリシア・バルビゼ会長、フランス経団連会長のローランス・パリゾー氏が挙げられるが世界ランキングには入らない。第二にシングルマザーだった場合の苦労は計り知れない。パリではカップルの五割以上が離別する。そうなると子育ての負担は女性にかかってくる場合が多い。第三に日本ではあまり紹介されていないが、家庭内暴力で被害をこうむっている女性が多いのである。

「結婚」幻想からの脱却

ＩＭＦ専務理事に就任したクリスティーヌ・ラガルド元財務大臣はＥＮＡ入学を目指したが、二度とも失敗したのは恋愛に夢中になって一〇〇％勉強に集中できなかったからだと告白している（彼女の例はＥＮＡを出なくともエリートになることは可能であることを示している）。離婚も経験し、子どももいる彼女こそフランス式の価値共存をまさに体現していると言える。「仕事も大事だけれども恋愛のない人生は考えられない」のである。この恋愛大国を支えているのは、中世以降の長い歴史の中で培われてきた「騎士道に由来する」という説が有力である。

一方で、案外知られていないのが、社会的あるいは宗教的な影響である。婚姻と出産とを区別することによる婚外子の社会的認知は、これまでプロテスタント系の国にだけと考えられていたがフランスではどの国よりも浸透している。フランス社会はフランス革命以来の人権重視の立場から一九〇五年には政教分離を憲法第一条に謳い、カトリック宗教の影響は少なく、婚外子が全出産の半分を占めるほど急増した。換言すると男女関係の考え方が日本とフランスではほぼ対極である。結婚だけでない多様な男女関係が法的にも社会的にも認知されている。二〇世紀の初頭、実はフランスは人口減の恐怖を味わい、人口ピラミッド均衡維持の必要性を世界最初に家族政策に反映させた。国民が出産育児の自己決定権を強く意識している。

フランスの合計特殊出生率（二〇一〇年）はほぼ二・〇で欧州ではアイルランドとともに例外的に高い。このままいくと二〇五〇年には七五〇〇万人でドイツの七〇八〇万人を越して欧州第一の人口の国になると予測されている。「この子が二人目の娘です」。産後休暇も終わったジェトロ勤務のアンヌ・モニックさんは赤ん坊をみんなに見せに職場にやってきた。その場にいた日本人の私として感じるのは子どもが社会生活の中で心より歓迎されているという強い印象である。フランスの家族政策予算は約五〇〇〇億ユーロ（約八兆円）で、人口が二倍の日本の約四兆円に対し二倍である。よく児童手当と言うがフランスの給付内容では保育所などの現物給付の高さが目を引く。育児と就労をめぐる社会環境が重要な要素である。幼児を預けられる託児所、クレシュも出産ブームに追いつかない。三歳から幼稚園もスタートできる。企業は出産休暇前とまったく同じポストを確保することが義務付けられている。女性は給与面で税控除・児童手当や、育児面で心配なく子どもを生んで会社に再復帰できるという安心感がある。このような公的な出産・育児支援政策は北欧では存在するが、イタリア、スペイン、英国にはなく、ドイツでは働く女性には支援策は少ない。一方、フランスでは高齢出産も珍しくなく、会社勤務の育児ママは子ども数にもよるが働く女性の六〇～八〇％以上である。

恋愛と育児と職業の両立

女性にとっての仕事と家庭の両立についての日本と欧州の違いが浮き彫りにされたのは、パリで行われたシンポジウム「日仏女性ビジネスリーダーズ会議」に出席した時のことであった。両立のジレンマから解放された感じのするフランス女性、一方で家庭を持つことはせずに企業経営に成功した日本女性を同時に見て、違いを如実に感じた。フランスでは恋愛・出産・育児後も職業キャリアを継続していくことに障害は少ない。百貨店プランタン・グループの取締役バルビゼ氏は恋愛と育児を企業経営と両立させられることが企業統治の重要な指標であると強調した。フランス国際技術協力庁のアルシエ氏は二人の子どもを四〇歳を過ぎてから育てているし、女性版ダボス会議を発足させたドチュアン社長は離婚、再婚の中でマーケティング会社を設立している。一方、大手商社などの総合職などを経験して一部企業インデックス社社長に就任した小川氏、投資銀行やカルティエ勤務を経てフランス・シャンパンの名門企業ブーブクリコ日本社長になった小山氏とも大学卒業以来、わき目もふらず職業キャリアに人生を賭けてきた。こうした日本女性のキャリア人生はフランスとはまだだいぶ違いがあるようだ。

ドチュアン氏が夢に抱いていた「女性世界経済社会フォーラム」がついに、世界中から女性経営者のみならずノーベル文学者ナスリーン氏、声楽家バルバラ・ヘンドリックス氏などの有識者五〇〇人を集めて、二〇一一年一〇月ノルマンディー海岸保養地ドーヴィルで開催された。ここで注目を集めたのは従来、女性の社会進出では先行しているとされてきた米国モデルよりも実は女性にとって欧州モデルの方が望ましいとの考えである。会議のまとめ役であるプライス・ウォーターハウス・ルクセンブルク社人材部長のロレンジニ氏は言う。「欧州では八〇～九〇年代にビジネス・スクールでMBAを取得した女性を中心に社会進出が進んだ。ドイツやスイスのようにまだ家庭重視の伝統があるが、米国のように恋愛も子どももあきらめた独身でなければ職業キャリアの成功が得られないようなモデルよりは、家庭も仕事も両立できるフランスのような国の方が女性にとってはよいはずである」と。

男女の新たな共生関係を目指して

男性の側でも新たな男性像と家庭の中での役割見直しをする風潮が出てきている。男性にも育児休暇をより多く取れる法案が出された。もう男女が性差でイデオロギー的な対立を背景にいがみ合う時代は終わった。もちろん、企業内でも家庭内でもまだまだ女性が性的差別を受けたり、家庭内暴力の犠牲が後を絶たないなどの状況は続いている。しかし欧州、少なくともフランスでは女性が家事・育児との両立を人生の踊り場のステージとしてとらえ、男性もそれに協力して新たな男女の共生関係の時代が訪れようとしている。

フランスは「ミニ・ベビー消費ブーム」の時代にある。子どものいる家族は子どものいない家族や独身者よりも二〇〇八年には平均三五%も多く消費支出している。子ども二人世帯の六九%は車を二台保有しているのに対し、それ以外の外の世帯では三五%に過ぎない。出生率が二・〇二人で一一・五人前後のドイツやその他のイタリア、スペイン、英国を大きく引き離している。二〇五〇年にはフランスはドイツ人口以上の八〇〇〇万人以上の欧州一の人口大国になると予測されている。私の試算ではフランスの個人消費の乗数効果は、近隣諸国よりかなり高い数値が計測される。個人消費性向が単純計算で〇・八で一／一-〇・八＝五という結果が得られる。

二〇〇八年以降の金融ショックや最近のユーロ危機を通じて、景気の変動ショックがもっとも少ないのがフランスである。よくドイツ経済の好調が伝えられるが、輸出主導型のドイツ経済は日本同様にショック、特に外需ショックに脆弱であることが判明している。経済が下降局面でも上昇局面でもぶれの少ないフランス経済は安定している。このようなフランス式経済モデルが今、注目される。その鍵を握っているのが実は女性であった。

コラム・3

フランスの移民について

森由美子

私がフランス移民問題を意識したのは仏NGO、「世界の医療団（Medecin du monde, MdM）」の仕事をしていた時だった。二〇〇四年、初めてパリで実地研修を体験した。MdMは海外のみならず、国内のボランティア活動にも力を入れていたため、パリの東端、セーヌ川の川べりに暮らすルーマニア人の医療健診にフランス人医師の付添ということで参加したのだ。

彼らは一般的にロマと呼ばれ、不法滞在者が多く、キャンピングカーで生活している。私たちが訪問した川べりにも四、五台のキャンピングカーがコミュニティーを作っていた。彼らはフランス語を理解しないため、ルーマニア語の通訳ボランティアがていねいにコミュニケーションをとってくれた。何よりも驚いたのは彼らの生活環境だった。洗濯や料理は川の水を使っているようで、住民たちは川の水を沸かしてコーヒーをご馳走してくれた。医師は彼らに安心感を与えるためかおいしそうに（?）飲んだが、私はそれをいただく勇気はなかった。

病院にかかれないロマの人々には、MdMのサービスは唯一の健康管理となる。診断を受けながら警察の退去命令をなんとかしてほしいと涙ながらに訴えるロマの人々の生活の厳しさを知った。

その後、私はマグレブ諸国に仕事で深くかかわるようになり、フランスを彼らの立場から眺めるようになった。先日、チュニジア人のアブデラティフ・ケシシュが二〇〇七年に監督したセザール賞受賞作『クスクス粒の秘密』という映画を観る機会があった。とある南仏の港町で繰り広げられるチュニジア出身の六〇代の港湾労働者の悲哀が、彼を取り巻く社会環境や家族愛などを軸に展開された大変興味深い作品であった。フランスの生活に溶け込んでいてもマグレブ出身の移民たちのよりどころは母親のクスクスの味と家族団欒。クスクスはマグレブ諸国共通の一品だが、各国特徴があり、魚のクスクスを好むのはチュニジア人。この映画に登場する港町ならではの魚のクスクスに監督のアイデンティティーを感じた。

マグレブの人々は男性もおしゃべりで、男同士カフェで何時間も世間話をしている風景をよく見かける。この映画の中でもそんな男たちが等身大で登場し、物語のあらすじをたわいもない噂話で補足するのがアラブ的だった。リストラで港湾工事の職を失った寡黙な主人公が自分を慕ってくれる少女（愛人の娘）の情熱に促されて、古い船を買い取って船上レストランを開くという夢を果たす物語だが、日本人のように計画的でないことによって起きる必然のハプニングを、家族で協力し合って切り抜ける連帯感と人情味を再認識した。

フランス社会に同化している移民とその子どもたち。彼らはフランス人である一方、宗教や風習の違いによる異邦人的な気持ちを抱きながら生活しているに違いない。彼らを取り巻く環境はこの先も厳しいかもしれないが、だからこそ政治にも参加し、フランス人の一員として常にたくましく生きていってほしいと祈願している。

第4章
フランス流人材育成と雇用

4・1　歴史と伝統の重みを持つフランスの労使関係

増渕文規

「トラバイエ・モアン　エ　ガニエ・プリュス（なるべく少なく働いて…）」

一九八〇年代の半ばに、総合商社の在仏現地法人の人事・総務・何でも課長として五年間を過ごした。ある日「ムッシュ増渕、マダムXの休暇の件で話がある」と人事部門のフランス人担当者から相談を受けた。マダムXが有給休暇（コンジェ・ペイエ）を一週間取りたいと申請してきたとのことである。彼女は二か月前に南仏でバカンスを取っているから、有給はもう残ってないはずだと怪訝な思いでいると、「最後の一週間は風邪を引いてしまって、現地で医者通いをしていた」とのこと。つまり、この一週間は病欠休暇（コンジェ・マラディー）であって、コンジェ・ペイエではないから、コンジェ・ペイエを取り直す権利があるとのことであった。ただでさえ気の短い私のこと、その時は完全に頭に血が昇った。バカンスで遊び疲れて病気になったのに、病気中の分はバカンスではないからコンジェ・ペイエを取り直すとは何事だという思いである。ただし、このマダムXの権利主張は正しく、雇用側は拒否できない。日本ならどうであろうか。日本にも病欠休暇の制度はあるが、まずは年次有給を消化し、それで足りなくなったら前年からの繰り越し有給を使い、それも足りなくなって初めて病欠休暇になるのが普通であろう。そもそも風邪を引いて病欠休暇を取るサラリーマンは日本には少ないだろう。日本とフランスの制度設計にも差はあるのだろうが、労働と休暇に対する基本的な考え方の差からくるところが多い。

フランス人やフランス企業とはその後も何らかのつきあいを続けているが、その中で感じることは平均的なフランス人の労働観は「トラバイエ・モアン　エ　ガニェ・プリュス」（なるべく少なく働いて、たくさん給与をもらう）だということである。カードル（管理職）以上はよく働くという説もあるが、私の知る限りカードルであろうが経営幹部であろうが、基本的な労働観は一般労働者と大きな差はない。八月に汗を流して働くのはフランスでは愚かなのである。エリートでも八月いっぱい働きづめという話はめったに聞かない。私のフランスの知人の一人は例外中の例外フランス人と自称しており、「自分は馬鹿だから働くんだ」というのが口癖である。そういう彼も遊ぶ時は徹底的に遊ぶ術を有している。フランスでは夏に三〜四週間のバカンスを取り、年間で五週間の有給をすべて消化するというのが一般的なイメージである。私も若かりしころは、「バカンスのために（我慢して）働く」と広言してはばからないフランス人の労働感や態度を「馬鹿じゃないか」と思っていたが、徐々に「日本人の労働観や労働慣行の方がむしろ異常ではないのか」という思いが強まってきた。はたして人間は一年中テンションの高い生活で良い仕事ができるのだろうか。バカンスの語源は「空っぽ」ということである。私の解釈が正しければ、「仕事でいっぱいになった頭を空っぽにして、仕事のことを完全に忘れて家族や友人と日常にない時間を過ごし、身も心も別の世界に浸る」時間がバカンスの意義であろう。二泊三日ほどの温泉旅行で気分転換し、英気を養えるとはフランス人は絶対に思わない。

日本人が特別ハイ・テンションの継続に強く、（たった二日でもできる）気分転換の天才なのであろうか。そんなはずはない。ワーク・ハードが美徳とされる日本的価値観の衣をまとっており、周りがみな「働き蜂」だから、日本の労働環境を異常とは思わないだけだろう。フランス人の日本批判の一つに労働効率の低さがある。だらだらと長時間働いて、効率が良いわけはないだろうという指摘である。「自分が怠け者であることを棚に上げて何を言うか」という思いもあるが、けっこう当を得た指摘かもしれない。日本の職場を見回してみて、一日一〇時間以上働く人はゴロゴロいるが、一日中効率よく仕事をしているとは思えない。お茶を飲んだり、喫煙室に三〇分くらい籠ったり、仲間とメールで近況の報告をし合ったりという息抜きの時間は相当あるはずである。特別のエリートを除いて人間一日一〇時間以上も緊張感を持って仕事をし続けて、バカンスも取らなければ、普通は心か身体の病気になるリスクが高い。結局実際のところ、仕事中も短時間刻みの「バカンス」を取っているから、心と身体のバランスがなんとか保たれているのではないだろうか。ただし短時間刻みのバカンスはなんともせこく感じる。休む時は長く連続して深く休み、仕事をする時はなるべく短い時間で集中するというのがフランス式労働であり、これからの日本の労働はこちらを目指してほしいと思う。フランスでは夕方六時には家に戻れるから、男性もしっかり家事・育児ができるわけである。日本もそろそろ変わるべき時期であろう。労働時間に関しては、日本はまだまだ筋金入りの後進国だと思う。

労働白書によれば、二〇〇七年のフランス人の年間平均労働時間は一、四五七時間、一方、日本人は一、八〇八時間とのことである。日本人の場合「隠れ残業」があるので、実際の労働時間数はこれより一割程度は多いだろうと推定される。ちなみに多い方は米国の一、七九八時間、英国の一、六五五時間。少ない方はドイツの一、三五三時間。欧米と言ってもアングロサクソンと欧州大陸では労働時間に関しては天と地ほどの違いがある。私は九〇年代半ばにドイツでも勤務したが、フランス並みの労働時間の少なさに驚いた。「働き者のドイツ人」というイメージが強いが、労働時間はフランスといい勝負だし、保護が厚い「労働者天国」ぶりはフランスと同じなのである。フランス流の「トラバイエ・モアン エ ガニェ・プリュス」の考え方が、ドイツその他の欧州大陸諸国の労働者の心に浸透していった結果ではないかというのが、私の解釈である。

コミテ・ダントルプリーズ（企業委員会）

私のフランス語が多少なりとも格好がつくようになったのは、毎月一回、平均二時間程度の労使交渉を五年間フランス語で行い続けた結果だと思っている。一九八〇年代半ばと言えば、あのミッテラン社会党政権の前期全盛時代のころで、まさに労働者保護の嵐であった。社会党政権誕生前から、フランス労働者の権利意識は強く、法制上の保護も非常に厚いものであったが、ミッテランがさらにそれに上塗りをした。その後も労働時間の面では経済界で悪評紛々の三五時間法が成立する等、フランスは経済大国の中ではもっともアヴァンギャルド（先鋭的）な労働者保護の国と言える。第二次大戦前、資本家の労働者搾取が特にひどかったから、戦後は反動で労働者保護が強くなったという説ももっともらしいが、欧州大陸に流れる社会民主主義的精神の伝播・発展によるところが大きいのであろう。

産業別組合が中心のドイツとは違い、フランスのサンディカ（組合）は産業横断の政党色の濃いものが多い。共産党系のCGT（労働総同盟）と社会党系のCFDT（フランス民主主義労働同盟）が二大サンディカで、このほかに社会党右派系のFO（労働者の力派）、保守中道系のCGC（幹部総同盟）などがある。労働者のサンディカ加盟率は低いが、サンディカは各企業内にサンディカ代表を任命し、この代表が企業内の労働者を先導するという構図である。サンディカは依然フランスにおける「社会対話」の主役であり、日本では死語になりつつあるゼネスト（大規模一斉ストライキ）もフランスではサンディカ主導のもと、いたって健在である。二〇一〇年に年金改革反対で国鉄がストライキを打ったのは記憶に新しい。政策に不満があればゼネストで政府を揺さぶっていくフランス独特の左翼運動は、それなりに国民に支持されており、戦前のサンディカリズムの伝統を引き継いでいるとも言えよう。サンディカは今日でも（特に中・大規模な）企業の労働者権利の維持・拡大に強い影響力を保持している。

フランスでは従業員五〇人以上の企業に対し、コミテ・ダントルプリーズ（企業委員会）の設置が義務付けられている。私が勤務していた先も五〇人を超えていたので、このコミテが存在していた。今日でもコミテ対策は、経営側にとって重要かつ頭を悩ませる問題である。コミテの委員は経営側代表、従業員代表のほかに各サンディカ代表が入る。

日本の企業内組合と類似しており、従業員の労働条件に関する事項を中心に、経営に対し意見を述べる機関である。従業員の身分に影響を与える企業の組織・運営に関わる重要事項については、会社としてコミテに相談する法的義務があり、解釈により広範な事項がコミテとの討議事項になってくる。特に経済的理由による解雇や、企業の合併・譲渡の時などがコミテと会社側がもっとも激しくぶつかり合う場面となる。また、フランスのサンディカは伝統的に「合理化反対」なので、その影響を受け、工場の効率化推進の時などにコミテの反対がしばしば企業経営の足かせになる。もともと戦後の労働者の経営参加ブームのころに形作られた概念であり、純粋労務問題を超え、(労務の名の下に) 経営に関し、いろいろと口を挟んでくる。ドイツにも類似の組織があり、一九九〇年代には多国籍企業に対し、EUベースで欧州版コミテとも言える欧州ワークス・カウンシルの設置が義務付けられた。

アングロサクソン系にはなじみのない組織で、英米の企業が新組織の設置に非常に神経質になっていたことを思い出す。労働時間に関しても、労働者権利擁護に関しても、英米と欧州大陸はまったく違う体系にあるが、日本のジャーナリズムでは「欧米では」と一言で語られることが多い。ただしアングロサクソン・ジャーナリズムの引用で欧州大陸の労働事情についても語ることは、日本人読者に誤った一般化をさせる場合も多いだろう。

その昔、経営者代表としてコミテの会議に臨んだ私のすることは、まず会議の前の土日にフランス語のQ&Aを作成してそれを頭に叩き込むことであった。当時はコミテ会合の使用言語がフランス語に義務付けられていたからである (本当にそうだったか、自分で法律を確かめたわけではなかったが)。なにしろサンディカ代表のバックにはプロの左翼弁護士が存在しており、経営側の発言の一言一句に揚げ足を取られかねない。高尚なフランス語などできるわけもないので、単純な説明と主張を一〇回くらい、言い方を変えて繰り返すという手法で交渉を乗り切った思い出がある。どの企業でも当時のコミテはミッテラン政権に勇気づけられて、経営に対して挑戦的であった。九〇年代以降少し労使協調的になっているようだが、基本的な構図は変わっていないと考える。労と使は性格的に別物であり、協調よりは対立関係にあり、労働者側は自分たちの権利の維持・拡大のために、経営側に対し常にルバンディケ（要求）していくのが、フランスの基本的な労使関係であると思われる。階級社会とまでは言わないが、役員は工場の工員と「席を同じにはしない」のである。日本式労使協調も変容してきてはいるが、フランスに比べれば労使間の血の通いを強く感じる。

労働者の権利は法律で守れ

フランスでは経営者が自主的に労働者保護のための施策を打ち出すことは期待されていない。それゆえ労働者保護を法制化し、企業に義務付ける。ここが日本の労使のあり方と大きく異なる点であろう。経営者性悪説に立っているとも言える。フランスの経営者は給料以外の義務的な労働関係付帯コストの高負担に悲鳴をあげている。年収五〇〇万円の従業員で、日本なら社会保障費の個人負担分が多くて一〇%、企業負担も同じく一〇%程度であるが、フランスだと、同じく個人負担分が二五%、企業負担分は五〇%に達する。年金、医療保険、失業保険が中心であるが、企業負担がなんとも重い。フランス企業の競争力を阻害するものとして経済界は負担軽減を主張し続けているが、義務がないと多くの企業では従業員の福利・厚生等に金を使わないであろう。企業が面倒を見るという考え方は存在しない。企業が金を出し、それを国が集中管理して労働者のために使うのがフランスのやり方である。

社会保障費の項目の中に小額であるが、研修費というものがある。これは企業側だけの負担であり、従業員の外部研修に充当される。研修は企業が命じるのではなく、従業員が自己研鑽のために行い、その費用は企業の強制負担という形になる。企業のための研修ではなく、個人のためにどこの企業でも働けるプロフェッショナリティーを涵養(フォルマシオン)することなのである。「生涯一企業」の多い日本の企業内研修の方が、世界的に見れば特殊なものなのであろう。福祉全般に家族も含めて企業丸抱えという日本のあり方も変容しつつあるが、人生の多くの時間を預ける企業と従業員の関係は日本流のウェットな方が、私には好ましく思える。

フランス労働者気質

一概に言えるものではないが、昔も今も変わらない気質があるように思われる。仕事に限ったことではないが、非常に個人主義的だということである。チームとしての成果のために個人の業績を埋没させるという発想は薄い。各自にしっかりパートを受け持たせて、それぞれに自分の領域で頑張ってもらうしかない。逆に、この領域をいい加減にしていては、フランスで仕事はできない。ジョブ・ディスクリプションを明確に行うことであり、日本でもその流れになってきた。

パリ勤務時代に苦い思い出がある。八月はバカンスの季節とはいっても仕事が完全に止まっているわけではない。ある営業の担当課長が一か月近くのバカンス中に緊急事態が起こり、私がその課長の代わりに一件を処理したことがあった。バカンス明けに、その課長からさぞかし感謝されるであろうと思っていたが、強烈なクレームをかまされてしまった。自分のいない間に勝手なことをするなというクレームである。自分の城に勝手に入り込まれたということで腹を立てたのであろう。私の方がもっと腹が立った。私が処理をしていなかったら、当該客先から相当のクレームを受けたはずである。会社のために緊急処理をして何が悪いのかということだが、この課長には通用しなかった。個人の領域の重要さに対してもっと配慮すべきであったかと、今にして思う。

元来かなりの心配性の私にはフランス流というか、ラテン流の仕事時間の流れについていくのに苦労した。フランス流の仕事の流儀は最後に目的が達成されていれば良いというもので、不思議なくらい途中はいい加減なのに、最後にはきちんとつじつまが合っていることが多い。同じ欧州大陸でも隣国ドイツとはこの辺はずいぶん違う。日本と似てドイツは工程管理がしっかりしているし、時間厳守だが、やはりフランスはこの辺はラテン気質十分である。日本の本社からトップが仏企業を訪問する時のアポイントの取り付けと会議次第の決定などは大変疲れる作業であった。ギリギリまでアポイントを決めてくれないことが多いし、事前打ち合わせ通りに準備されていないことも多い。それでも会議は成立する。好意的に解釈すれば、フランスの流儀は何が重要で何が些細なことかをまず判断し、些細なことは事前にあくせくすることもあるまいというものなのかもしれない。ただし特に心配性の私のような多くの日本人にとっては「些細なこと」も事前にきっちり決めておくことが重要なため、波長がなかなか合わない。日本人が細部にこだわり過ぎるのは確かで、もっとフランス流に鷹揚になってもよいのかもしれないが、細部へのこだわりは日本経済の強みでもある。仕事の面でのフランス人の大雑把なところは学ばない方がよいであろう。

フランス企業のグローバル化

フランスはアングロサクソン流のグローバル経済の行き過ぎに警鐘を鳴らす一番手であり、仏企業も株主だけを重視するアングロサクソン流経営とは一線を画している。ただし資本の担い手は日本企業以上に、米国を中心とする外国比率が高く、経済のグローバル化に目をそむけることはできないどころか、仏大企業のグローバル化の程度は日本企業より深く、広い。一方大多数の一般労働者とサンディカの基本スタンスは「グローバル化反対」であり、エリート層とのギャップは大きいように見える。しかし実際のところは日本よりもよほどグローバル化と、国際化は進んでいるといえるだろう。片田舎のドメスティックな中小企業の社員でも英語を話すのが普通になってきているし、小さなマーケットのフランスだけでやっていけない仏企業は、欧州全体を相手に勝負せざるを得ず、まず「欧州化」せざるを得ない。共通言語は当然英語である。ＥＵの拡大・深化は大企業だけでなく、仏中小企業の行動様式やマインドも変えた。国境に何のバリアもない以上、売れそうなら中欧でもブルガリアでも出て行くのが企業人であり、従業員のマインドも自然に変わる。

グローバル化してもフランス労働者のトラバイエ・モアン　エ　ガニェ・プリュスの要求は変わらず、経営が言うことを聞かなければ（サンディカに煽られて）争議に持ち込むというフランス流は変わらないだろう。グレーブ（ストライキ）多発にまゆをひそめながらも世の中が支持しているからこそ、フランス流が変貌することはない。経営側から見ると難儀な労働事情であるが、労働者の一人としてフランスを眺めると、うらやましい限りである。

4・2　フランスのインターンシップ、日本での外国人学生のインターンシップ

大森順子

フランスにおける若者の実務経験の場

日本では就職に際し、新卒者が一番優遇され採用枠も大きいが、これは世界中を見ても非常に稀なケースではないだろうか。これは日本では終身雇用制度に基づく社内研修制度が発達し、新卒者を採用して独自の教育を施し、さまざまな部署を経験させる方式が根付いているからにほかならない。昨今は中途採用もだいぶ増えてはいるが、まだまだ主流は新卒入社であり、卒業後二〜三年の会社勤めの経験者も含めて新卒枠で入社させている。

フランスを含めた多くの国では、会社に就職するというより、会社の一ポストに空きが出て、そこに応募して採用され、雇用契約を結ぶという形を取るため、実務経験のない新卒者は非常に不利であり、若者の高い失業率につながっている。会社は即戦力になる人材を好んで採用するため、その打開策として高等教育機関（職業学校、グランドゼコール、総合大学）では在学中に実務を経験させるべくスタージュと呼ばれるインターンシップが制度化され、社会に定着している。

数字が少々古いが、フランスにおける実務研修生（スタジエール）の数は、二〇〇六年の八十万

人から二〇〇八年には百二十万人と大幅に増加している。

企業にとってスタジエールを受け入れるメリットは（一）繁忙期または夏期の一時的な人手不足を補う人材として、または短期のプロジェクトの補充要員としての役割、（二）研修後の正規採用を見越して、能力や、協調性、積極性を判断する、（三）産学連携の強化、すなわち企業が学生に求める知識を大学に提言し講義内容の充実を図る、などが挙げられるが、なんと言っても、正社員の雇用コストが高額で、またその権利が堅く守られ、簡単には解雇できない社会において、低コストで、必要な時に必要な数だけ雇うことができるスタジエールは企業にとって大変魅力的なのだ。したがって、一般職並みの仕事をする一流グランドゼコールの学生にはオファーが絶えることはない。

一方、学生にとって、スタージュは座学での知識を応用し、実務を学び、自分の職業上の向き不向きを知る機会として大いに役立っている。さらには、社会人としての常識やビジネスマナーを身につけることもできる。異なる企業・業種での経験を知る機会ととらえられているスタージュの長さは、原則最長六か月間と決まっているが、近年長期化する傾向にある。

スタージュ以外にも、実務を経験する機会として、職業学校における実技として存在していた見習い制度（アプロンティサージュ）を、グランドゼコールのエセック経済商科大学院大学（ESSEC）（以降エセック）が一九九三年に初めてマネジメント・レベルにおいて導入し、現在では多くの高等教育機関がこれに追従している。これは高学年の学生を対象とした大学と企業を往復する実務研修制度であり、期間は原則二年間、スタージュよりも期間と内容において充実していることから両者を強固に結びつけている。二年間の授業料と月々の手当をも企業が負担するこの制度は、学生にとって大変魅力的であり、多くの学生がこれに応募している。この場合も期間終了後の正社員としての登用義務は企業に課せられていないが、統計的には約半数が採用となっており、ならなかった場合でも、その経験は就職活動において高く評価される。企業には税制上の優遇制度が適用され、前サルコジ政権はこの制度を現在の年間六〇万ポストから二〇一五年までに八〇万ポスト、できれば百万ポストまで拡大しようと息巻いていたが、オランド政権もこの面では政策を踏襲するのではないだろうか。ちなみに二六歳未満までという年齢制限と、フランス語ができることが望まれるが、外国人学生にも門戸が開かれているので、日本人でも応募することができる。

また外国にあるフランス企業に、二八歳までのフランス国籍の社会人を六〜二四か月間派遣し国際経験をさせるＶＩＥ制度を、フランス企業振興機構（UbiFrance）が取りまとめて実施しており、政府はあの手この手で若者の雇用促進につながる政策を後押ししている。

インターンシップ

話をインターンシップに戻そう。学生が実務を経験する機会というのは日本でもフランスでも昔から存在するが、その目的には大きな違いがある。まず日本においては、アルバイトという形で、ありとあらゆる職種の仕事が存在するが、このアルバイトの主目的はおこづかいを稼ぐことにある。そのため学生には難しい仕事や専門的な技術を習得するという意識は低く、むしろそのようなことは就職した後の正社員になってから覚えればいいと考える傾向が強い。その結果、仕事をドタキャンで断ったり、サボったり、気に入らなければすぐに辞めてしまうことはざらであり、会社もそれを見越して簡単あるいはすぐに補充のきく仕事を学生にアルバイトとして提供している。また最近始まったインターンシップは、期間も短く、会社紹介の域を出ていないのが現状ではないか。

フランスにおいては、アルバイトという形態の働き方は、家庭教師やベビーシッターなど個人契約のものはあるが、企業においては存在しない。学生は教育の一環として、卒業までにスタージュが義務付けられている。学生はスタージュを通じて、卒業後即戦力となる実務経験を少しでも多く経験したいと、より高度な仕事を希望するし、研修態度に問題が生じれば卒業単位にも影響が出るので、真剣に与えられた仕事に取り組む。フランスのスタージュは、日本においては派遣社員に任せている仕事に類似したものと考えてよいと思う。スタージュを含めた実務経験の期間は教育機関によって異なるが、エセックの場合は最低十八か月間で、平均二四か月間経験している。さらには在学中九か月間の外国経験が必須であり、その一部を外国における研修に充てる者も多い。

日本においては、これまでは海外経験のある、社内の一部の協力者の尽力で実現していた外国人学生のインターシップであるが、最近はグローバル・カンパニーを目指して、外国人の採用や実務研修に積極的に取り組むケースが見られるようになった。これは、長年学生の研修先を探すのに苦労してきた者にとっては大変喜ばしいことである。このような企業では、単なる短期研修としての学生の受け入れではなく、研修後の採用を念頭に置いた、いわゆるテスト期間としての受け入れに積極的である。ただしテスト期間が終了し、いざ社員として採用する場合、忘れてならない重要なことは、彼らは一生を同じ会社で働くという気はないという事実である。三〜五年経験を積み、日本で働くのであれば日本語の上達も図り、その後、転職を三〜四回繰り返して昇進し定年を迎えるというのがフランス人の間では一般的である。したがって採用した場合は、会社に慣れるための「研修」期間は一年程度で済ませ、二年目には入社時に決めた部署に配属する、などの取り組みを入社時に決めておかないと、お互いにとって不幸な結果になりかねない。

また彼らの行動パターンは、そこで経験を積んで、同じ会社のさらなる上のポストを狙うか、そのキャリアをひとつのステップに別の会社に移るかである。このため、例えばソシエテ・ジェネラル銀行に勤めていた者がBNPパリバ銀行に移るなどということは日常茶飯事に起こることであり、日本のA銀行に勤務していた外国人が隣りの競合B銀行で平気な顔をして働くことだって、起こりうることなのである。

エセック学生の日本におけるインターンシップ

自己紹介が遅くなったが、私はフランスのグランドゼコールの一つエセック経済商科大学院大学（ESSEC）の日本事務所を一九八四年より任されており、株式会社エスイーの森元峰夫社長のご厚意により、エスイー内で活動している。具体的にはエセック学生の研修先を探したり、同大学に留学を希望する日本人に留学アドバイスをしたり、試験を実施したり、提携校である慶應義塾大学、早稲田大学、大阪大学との交流や在日同窓生に就職情報を提供したり、共同でさまざまなイベントを開催したりしている。また二〇年前からは、エセックのあるヴァルドワーズ県と姉妹県関係にある大阪府との交流事業の一環として、インターンシップのために来日する学生を対象に二週間のホームステイ・プログラムを大阪府、枚方市と共同開催している。

さまざまな活動の中で一番大変な仕事が、なんと言っても学生のインターンシップの場の確保であるが、多くの方々のご協力を得て、これまでに把握しているだけでも一〇八八名の学生が日本でインターンシップを経験することができた。千名を超す学生の研修に関わってきた経験から、日本での外国人学生（エセック学生）インターンシップについて少し触れてみたい。

日本における研修は一九九〇年代までは社会貢献型のものが多かったが、その後は学生の受け入れを積極的に業務活動に活用するプログラムが増えてきている。期間は二ないし三か月が主流であるが、五か月、九か月のものもある。学生が日本に関心を持つようになった理由も昔はソニーのウォークマンであり、Japan as No. 1であったりしたものだが、最近はなんと言ってもマンガであり、アニメである。

来日する学生は一年間の講義を修了した二年生に上る直前の学生が大半で、二年生、三年生の数は少ない。学生の専門は経営学であるが、一年生の研修は、基本的には受け入れ先のカリキュラムを全面的に尊重し、お任せしている。与えられた環境にいかに適応し、そこでベストを尽くすかも研修のねらいの一つなのである。したがって研修先も都内の大手金融機関の国際部もあれば、地方の製造業や、ホテルなどさまざまである。ちなみに彼らはみな、英語も話す。

なぜエセックは一年生を中心に日本に派遣しているかということの一番の理由は、日本語能力にある。エセックでは来日を希望する学生には第二外国語で日本語の履修を義務付けているが、大半の学生は入門の域を出ていない。高学年の学生は卒業後、即戦力として活かせる経験を求めるが、日本語能力が低いため日本ではそれがかなわないことがわかっているので希望する学生が少ないのである。また高学年では就職を意識して研修を本国で行うことを希望する者が圧倒的に多いのも事実である。

学生の受け入れの目的は各社異なり、おのずと研修内容やプログラムの組み立て方も違う。しかし外国人学生の受け入れが、単に企業紹介や異文化交流に終わるのではなく、双方が満足できる効果的なプログラムにするには、受け入れ側にも準備が必要である。経験も乏しく、日本語も片言の域を出ない学生を受け入れる場合、どのようにしたら上手に意思疎通が計れるのか、また仕事を与える場合はどう工夫して、研修意欲が空回りすることなく、着実に成果をあげることができるのか。ポイントは学生をお客として預かるのではなく、その特技や関心事に注目し、外国人である優位性に着眼した、業務に実際に役立つ仕事を与えることである。テーマや目標を明確化し、具体的な仕事をたくさん用意し、挑戦させることによって、学生に自分も会社に貢献しているという喜びを持たせることは非常に大切である。言葉や経験の問題もあるが、配属先如何によっては十分役に立つ人材である。外国人学生に限ったことではないが、ほめることも、やる気を起こさせ、目標へ向けて努力を促すポイントかと思う。また、学生の受け入れを積極的に「活用」するためにも、またミス・マッチングを防ぐためにも、事前の研修テーマの提示は不可欠である。そして、受け入れはできれば最低三年は継続してほしいと思う。一回目でよかった点は次回に踏襲し、満足が得られなかった点は改めることにより、回を重ねることで受け入れの方法も洗練されていくと思うからである。

ここで、学生の受け入れに関係するいくつかの具体的な注意点について触れておこう。

一、学生は「だめもと」精神でさまざまな「お願い事」をしてくるが、だめな時ははっきりとその旨を伝え、なぜだめなのかをわからせることが誤解を避けることにつながる。

二、曖昧な態度をとることが問題をこじらせる原因である。文化や習慣の違いもあるので毅然とした態度でその場で注意や助言をすることが大切（例えば寮に異性を連れてきてはいけないこと、ごみの出し方、道での立ち食いをしてはいけないこと、など）。

三、与えた課題で出来上がったレポートや資料を担当者がしっかり読み、感想を述べたり、褒めたりすることは大変重要で、学生のやる気を引き出すポイントになる。

大学側では学生に社会人としての振る舞いを指導している。しかし文化の違いから、学生が気付かないうちに日本の決まりから逸脱してしまうケースもあるし、反対に日本の特異性を強調し過ぎた指導から、学生が消極的になってしまい質問や意見をするのを控えてしまうケースもあるようである。時折一言声をかけて、コミュニケーションをとることを心がけてほしい。

また、学生によっては宗教上の理由から食事制限があったり、日曜日には必ず教会に行く学生もいる。信者であっても、熱心な者とそうでもない者がいる。そのような学生を預かった場合は、事情の許す範囲で理解と配慮をお願いしたい。

経験の乏しい学生の持つ潜在能力を引き出すには、やはりスーパーバイザーをつけて、折を見て仕事の進捗状況を調べたり指導することが大切であることはすでに述べた。以前、日米合弁会社に学生の受け入れをお願いした時、人事の担当者が、自分のところでは世界中から応募してくる学生の中から最高のレベルと判断した五人を選び、異なる部署に課題を与えて配属させ、最後にレポートの提出を義務付けている、そのレポートの出来の善し悪しはその学生の指導力の有無に関係するので人事評価の参考にしている、と言っていたのには驚かされた。上司による部下の育成意識が高い会社と言うか、学生の活用法もいろいろだと思った。

外国人学生の受け入れの意義

日常生活の中で外国人と関わり、異なる言語、文化、歴史を共有し、協力して仕事をすることは容易ではない。併せて学生のインターンシップが制度として確立されていない日本においては、ましてや外国人学生の受け入れにはさまざまな問題があることは容易に想像がつく。しかし外国人学生の受け入れは日本側にも大きなメリットがある。職場に外国人がいること、しかもそれが学生であったり、パートであったり、専門職であったりと、企業のニーズにあった人材として彼らに活躍の場が与えられることが国際化、高齢化、少子化の進む日本において求められている姿なのではないだろうか。

併せて、今後とも日本が世界での存在感を増し、社会的地位を保ち、理解されるには、若者の交流は不可欠である。多くの日本の若者が国内だけに目を向けるのではなく、外国にも目を向け、また多くの外国人の若者が日本を訪れ、日本の良い点も悪い点も含めて正しく認識してもらうことが今後とも求められることだろう。

日本政府は国際化を旗印にして外国人学生の受け入れに積極的に取り組んでいるが、日本の大学に在籍している外国人は、ことばの問題もあり、大半がアジア諸国からの留学生で、欧米からの留学生はほんの一握りしかいない。日本の大学で学びたいという欧米学生の数は限られているが、日本でインターンシップを受けたい、日本の実像を知りたい、と希望するフランス人は本当にたくさんいる。彼らに日本に来る機会を与え、より多くの知日派を作ることが今後とも日本には必要なことだと思う。

若い時代に日本を訪れる機会を得たことによって、その後生涯にわたって日本への親近感や好印象を持ち続ける人はたくさんいる。日本語はおぼつかないものの、日本に行ってみたい、日本で企業研修を受けたいと希望する欧米人は今後とも減ることはないであろう。彼らに訪日する機会を与え、より多くの知日家、親日家を育てることは、受け入れ先企業・団体のみならず、将来の日本経済、日本国にとっても極めて重要なことだと思う。

近年、日本語が非常に達者な欧米人が増えている。インターシップで受け入れる学生の日本語能力が日本人なみであれば、それに越したことはない。しかし、日本語を専攻している外国人学生や日本語が得意な学生が必ずしも、将来企業の幹部として日本との経済交流に携わるとは限らない。

日本以上に学歴社会のフランスにおいて、フランスの将来を担う千人以上のビジネス・エリートの卵が、これまで多くのインターンシップ協力者のおかげで、日本を知る機会を得た。心より感謝したい。多くの協力者を得て初めて成り立つプログラムである。両国の若い世代の交流を活発にし、友情の輪を広げ、相互理解につながる活動を引き続き、皆様の御尽力により推進し、エセック日本事務所としても力を尽くす所存である。どうか今後とも大勢の方々の御協力をお願いしたい。

4・3　フランスＭＢＡ教育と企業人材

上原　修

日本の大学や大学院ではめったにサプライ（購買調達）に関する講座がないが、欧米アジア諸国では広く展開されている。私はこのサプライまたサプライチェーンの経営を専門として主に日本以外の大学や大学院、ビジネススクールで教鞭をとっている。サプライチェーン経営とは、主に製造業が原材料の仕入れから加工・物流・顧客へのサービスまでの一連の価値連鎖をいう。企業は原材料を仕入れて加工して製品にして出荷するという基本的な形態が多いため、サプライということばは「社外からの仕入れ」と「社内部署への供給」の両方を意味するようになった。筆者の実務経験は三〇年ほどで、欧米アジア、アフリカをバイヤーとして回っていたが、総合商社で活躍しているビジネスパーソンに比べると知識領域は狭いかもしれない。しかしながら、今で言うサプライチェーンを構築し、しっかりと守る体制や心構えは当時からできていたように思う。当時は顧客目線で考える習慣はなく、むしろ自社の利益中心で走ってきたような気がするが、最終顧客が真に求めているものをよく考えて満足させるには、価値連鎖というチェーンの端から端まで俯瞰することが大切で一つの抜けも許されないのである。海外、特に途上国で体験したビジネス感覚は今でも生きているし、後進へ伝えるべきことであると確信している。

フランス企業が注目するMBA人材

フランスではパリはもちろんのことだが、地方都市も国際購買学部を設置して学生数を増やしている。フランスでなぜこれほどMBA学生が増えているのか。それは企業への就職に有利だからである。フランス国民は高い失業率で苦しんできた。大学や大学院を出ても企業での即戦力につながる能力を発揮できないと就職先が見つからない。卒業して四〜五年浪人している人もざらにいる社会だ。したがって、これはMBA資格が重要なのではなく、仕事ができることが重要なのだ、ということに気がつく。それを証明するのがMBAの誇る「インターンシップ」なのかもしれない。この制度が欧米では当然のように受け取られているのは、学生と企業が双方向に自分の価値を認めることにある。企業は良い人材がほしい、一方で学生は良い企業で働きたい。両者に余裕があるせいか焦ることはしない。今やインターネットという武器を使って両者が価値創造に燃えている。企業側も学生も自分を安売りすることなく真剣に働く意義を考えていることは確かなようだ。

フランスの産学協同は米国流とまでは行かないがかなり積極的になっている。各地にできたビジネススクール（エコールドコメルス）の影響もあり、アンテルブナン（講師・発表者）と呼ばれる一流企業の役員やコンサルタントが続々登壇し、企業物流や企業調達などの講座を支援している。日本でも経営大学院で企業出身者や現役の役員を招く例は増えてきている。受講生の多くが社会人（三年以上の勤務経験が必須）ということもあり、同スクールの目玉にもなってきている。ここで注意しなければいけないのは企業人の語る戦略である。講師の経験談は貴重であるが、戦略を話すとになると、どうしても勤務する企業の宣伝も兼ねて良い部分のみ強調するきらいがある。つまり押し付けがましくなる点だ。もちろん講師の質によっても異なるが、ある経営戦略で秀でた〇〇会社に依頼しても、派遣される企業人（講師）が事前にスクリーニングされていないため、学生が落胆するケースも頻繁に見られる。フランスの場合は事前に企業ではなく人に会い、面接した上で、講師を決める要領が整っているため、学生の評価も高い。ここで穿った言い方をすれば、フランスの企業はＭＢＡ学生を「青田買い」をしているようにも見える。日本でこの傾向が社会現象となったのはかなり昔のことであるが、フランスではすでに定着し、むしろ評価が高いようだ。と言って必ずしも丁稚奉公（インターンシップ体験）した会社に就職するとは限らない。恩義などまったく持っていないのは双方向である。そこには日本流のじめじめした発想はなく、実に自由なのである。購買調達に関して言うと、管理職層の学歴は日本のそれと比べかなりの相違が見られる。四〇％以上が修士に近い学歴を持ちまた技術者も多い。日本の現状を述べると、むろん企業によって異なるが平均して大学卒購買職社員が七〜八割と言ったところである。ただし部長職となると一〇〇％大学卒（ほんの少し大学院卒）と言えるが、これは購買職に限ったことでもあるまい。つまり、フランス企業やグローバル企業は即戦力の人材を希望しているのである。

フランスＭＢＡ専門職教育

私がフランスの大学院で担当する講義科目は「サプライマネジメント」「サプライチェーン経営」

さらに、日本式の生産管理、経営管理である。基礎部分に近いところもあるが、なるべく他の講師と重複しないように注意して多くは日本の最良慣行（ベストプラクティス）を述べている。多くの学生はフランス国籍であるが、イタリア、ベルギー、中国、ベトナム系フランス人、海外領土県、アフリカ、中南米、も見かける。彼らは一様に難しい試験に合格して入学してきた優秀な学生だが、授業の態度はあまりよくない。年によって異なるが平均して日本人学生と比べて見劣りがするが、レポート提出では優秀さを発揮するのが面白い。潜在能力はあるが授業を受ける（受け身の姿勢、または上からやらされる）のが苦手なようだ。たまたま今春フランス第三の都市リヨンの、とあるビジネススクールでインド学生に囲まれた。つまり、受講生の八割がインドからの留学生だった。フランスに来て間もない彼らはフランス語があまりできないため、英語での授業となったが、受講態度はフランス人とはまったく異なった。先入観かもしれないが非常に英国的で規律正しい。受講の姿勢はナイーブで鋭い視線をぶつけてくるのは短期滞在のためか、それぞれ母国では企業に所属し、あるいはこれから勤務する者もいて、企業人としての心構えが日本人の意識と似ている印象を受けた。フランスの教育制度は外国人には非常にオープンと言える。教育面での人間性や人格はこのような偏見を完全に凌駕しているのもフランスの特徴だろう。フランスは、いわゆる成熟した大人の懐の深い社会なのである。学歴もさることながら欧米では職種転換も多く行われている。最近のデータでは技術畑出身者が学生の半分に迫る勢いとなっている。最近ではＩＴコンピュータ技師が急増していると聞く。背景にはSRM（Supplier Relationship Management）や電子商取引の影響でシステム設計が必須であることも一因のようである。ビジネススクールでも商科大学院と名のつく学校にエンジニアが多いというのも日本との大きな違いかもしれない。

フランス企業研修で学ぶことと仏企業の期待

失業に喘ぐヨーロッパの中でも、就職率では一〇〇%近い実績を誇るフランスのビジネススクールであるが、前述したように学校側としても用意周到であるようだ。私のような企業出身者の講師を多く活用していること、それらの企業への実習派遣を怠らないこと、海外研修でも派遣講師の世話で現地の企業や工場を訪問していること。つまり、企業との関係性メンテナンスには抜かりがない。アジアに分校を出すケースが増えているが、ビジネススクールINSEADも例外でなく、フォンテーヌブローおよびシンガポールにキャンパスを持ち、両キャンパスを合わせ、MBAへ七〇か国あまりから約九〇〇名、Ph.D.へ二〇余国から六〇名強の学生が在籍すると言う。ほとんどの学校がEMBA（Executive MBA）コースを持ち、社会人教育にも情熱を注いでいる。彼ら彼女らも最終的には就職に一役買って出るから一挙両得とも言える。フランス人は学生に限らず、普段の行動様式と実際の仕事での取り組みはかなり違うようだ。前者は遊びの人柄が出る一方で、後者の仕事となると相当なエネルギーを注ぐ。もちろん人によっても異なるがこれまでの実体験から推測するものだ。人生を楽しみながらも仕事にも執念を燃やす態度は日本人にはあまりないもので大いに参考になる。日本人は概して欧米流や先行する国のやり方に迎合しやすいが、逆にフランス人は日本流の作法や慣習に憧れるということがある。

フランス学生気質

最近日本でも、学生と自由な議論をしたいという教員が増えている。小学校や中学校の対面式授業でも、実際は一方的なことが多い。欧米では、教員と学生が喫茶店で長く議論している光景に出くわす。議論する場所は厭わないようだ。フランスの学生を見ていると平均では英語の能力は高いが、意外に日本人と似ていて「シャイ」な部分がある。つまり、人前で、英語で言いたいことを言うのに若干躊躇する時がある。そんな時、フランス語でもいいですよと言うと、俄然張り切って話し始める。政治経済の一般論議はかなり卓越しているものの、実務的な部分になると経験が浅いせいもあるが、トーンダウンする。しかし、彼ら彼女らが数年後には会社のアジア代表に近い立場で来日、または駐在すると、日本人（サプライヤーまたは部下のバイヤーとして）はどう対処すべきだろうか。僻みかもしれないが、一般論に強いフランスビジネスパーソンは「ビジョン」「ミッション」「ゴール」の記述や説明には長けているものの、細かい現場の改善になると現地人（日本人含めて）部下に任せる傾向があるやに見える。米国では苦労しているというフランス人ビジネスパーソンの多くはこの傾向を継いでいるからではないだろうか。

グローバルな企業調達人材育成

日本企業のグローバル度を測ろう――これは実に意味深な標語である。ベンチマーキングがビジネススクールで頻繁に語られているが、自社と同産業内で秀でた企業とを客観的に比べることは非常に難しい。また、グローバル度という定義も明確にすべきであろう。

フランス経済界でもアジア太平洋地域で積極的に販売攻勢をかけたいという企業は多い。したがって、フランス人はもっとグローバルになろうというわけだ。確かに、アフリカ諸国の半分は、フランスが旧宗主国であったため、グローバルを自負してきたが、BRICsがここまで勢いを増してくると、アジア、中南米諸国に目を向けざるを得ない。そこで、英語を話す必要性が出てくる。五年前に筆者がスピーカーとして登壇したフランス経済財政産業省（Ministre de l'Economie, des Finances et de l'Industrie）は、フランス大蔵省、あるいはフランス財務省と呼ばれるが、かつてフランソワ・ミッテラン大統領時代にパリ大改造の一環として建設された本庁舎に関しては、「新大蔵省ビル」と呼ばれている。フランスでは、建設地であるパリ一二区ベルシー地区の名称からそのまま「ベルシー」と呼ばれるようになってきた。そのベルシービル内で行われたCDAF（フランス購買者連盟）でも、「これからは英語こそ世界の購買語だ！」というスローガンが採択されている。

一方で日本企業のメジャーな会社の役員の何割が明確に英語で社員に意思を伝達できるか。推測だが、外資系を除けばおそらく一～二割前後だろう。取締役一〇人中二人が正確に意思を伝えることができる程度かもしれない。こう言うと「言語だけがすべてではない」と反論が来るだろう。しかし、ことばは大切である。西洋語と日本語の文法や文の構成が異なるとはいえ、通訳を介するのではなく、本人が説明できないと伝わらないことはかなり多い。日産のカルロス・ゴーン社長は途中で日本語の学習をあきらめたが、通訳の品質にも気を配ったと言う。情緒的でなく論理的な発言、骨子はビジネスには重要であり、英語などの西洋語の学習を通じて両方を会得できるかもしれない。

海外に駐在すると、日本人ビジネスパーソンの知識不足や異文化対応能力の低さに気がつくと言われる。今期学生の中に、米国で五年過ごした商社人がいたが、自分の常識のなさから米国社会での議論に追いつけなかった、と言う。韓国人や台湾人のビジネス知識以上の文化文明の知識の豊富さに圧倒されたとも言う。レベルの差はあるだろうが、海外に人材を派遣することは投資であろう。昭和三〇年、四〇年代では海外に駐在することは一種のステータスであった。社内のいくつもの難関を越えて手に入れることのできる権利であったが、今は企業自体が海外へいとも簡単に出て行く時代となった。と言って誰でもいいから派遣するわけには行かない。当然準備が必要だが、どういう資質、適性、能力を持つ人材を送るのか、人事、人的資源の適切な教育は欠かせない。

一般には、ヨーロッパの経営は米国と一線を画していると言われる。最近の米国は中国志向を強化しているように見えるが、ヨーロッパ、特にEU諸国は仏独ともにロシア、東欧、北アフリカ、中東に重心を置いている。もちろん、多くのヨーロッパの自動車会社は中国とインドの市場を重視しているが、ヨーロッパの駅売店で見る経済関係の雑誌、新聞では自国中心に関係地域が紹介されている。その中でも、日本の記事がもっとも少ないのはどういうわけだろう。学生に聞いても、日本の生産管理や原価改善の話を聞きたくても情報がまったく入って来ないと言う。外交に弱いせいではということを口にした学生にも出会ったが、筆者はこれはおそらく学校教育によると見ている。プレゼンテーションの重要性が叫ばれている中で、企業に入ってからでないとまじめに訓練しないのではすでに遅れていると言わざるを得ない。真のグローバルを考える時、ネックになるのは、語学ではなく、意思疎通と説得力である。

日本人の強みとは

世界に誇れる日本の良い点とは？というインタビューをパリ市内の報道記者から受けたことがある。とっさに出たのは業務の「引き継ぎ」に象徴される、相手（顧客や利害関係者）のことを慮った気遣いである。滞仏中「この仕事は私ではない」と言うセリフを何度か聞いた。会社内の同じ部屋に二人の社員がいる。もちろん、仕事内容は異なるが重なる業務も少しはある。社外の者が、ある仕事の件でAさんに尋ねると、それはBさんの仕事だから、Bさんに聞けと言う。社外の人はAの仕事でもBの仕事でも知ったことではない。これが日本なら、Aさんが「Bさんに聞いた上で返事します」となるところだろう。日本では外国製の自動車の修理時間が非常に長いという話も聞く。該当する部品納期が間に合わない。その部品は製造中止になっている。ことほどさように欧米人の言い訳は感心するほど卓越している。

しかし、ここにこそ海外ビジネスにおける日本の商機がある。言い訳をしない、逆提案をする、顧客の立場で発言する、頭を下げて好印象を取る、客を怒らせない、客を待たせる間飲み物を提供する、などは日本式の美点だろう。オペラ座にできたユニクロ店を覗いてみた。ブランドショップと見間違えるほどの立派な店構えだが、衣料品の品質は群を抜いている。フランス人学生の印象は「ベネトンは安物イメージだが、ユニクロは高級ブランドです」という。お世辞でもなかろう。店内を詳しく見たわけでもないが日本と同じように「寸法直し」などその場で手際よく実行しているのであろう。まだ店員の教育まで行き届いていないようだが、文化や商慣習の違いをどこまで融合し、かつ越えられるかが今後の同社の試練だろう。

最後にフランス人の見せる行動の特徴を挙げておきたい。売買取引は交渉である。売りたい人と買いたい人との間で絶妙な会話がとり行われる。したがって、交渉好きがフランス人の特徴の最上位に来るのもうなずけるが、日米ではこうはならない。米国人の場合はキャリア志向が真っ先に来るが、日本の場合は「特になし」かもしれない。一般学生と社会人では意識の差が大きいと言わざるを得ない。学生は企業経験がないゆえ、「購買調達バイヤー」という感覚や発想が至極貧弱である。一方で購買者としての振る舞いで見るとチーム精神を抜いて聞き上手やダイナミズムが筆頭となっている。個人主義で一括りにするのでなくチームという考え方も購買行動に入ってきていることに注目したい。他の職種でも同じことが言えるが、結局企業は人と人のつながりと団結で構成されており、「エキップ（チームまたはグループ）」という概念は切り離せない。この辺から個人から集合体へという意識は相当上がってきている。ただし、リーダーシップについては他の要素に比べ日本人の劣る面も否めない。

教育や研究を続けていると手法でも技法でもなく、最後は人材に行き着く。人材をいかに育てて自立させ、今で言うイノベーションを創り出す人間を多く育てるか、震災を経験した日本企業はサプライチェーンの大崩壊を目の当たりにして、取引先、輸送業者、商社・卸売業者とのパイプの太さの維持、更新がいかに大切であるかを再認識したことであろう。有望な人材が優秀なコミュニケーションを生み世界が発展していくことを期待するところである。

コラム・4

グローバル人材には、二か国語が必要

横山悠喜

国際的に活躍するグローバル人材には、英語以外にフランス語がぜひ必要と思う。わが国で、国際人の必要性が問われてから幾久しいが、内向きの人が多くなっていると言われる昨今、その育成は一層容易ではない。しかし、今の若い人には識見、能力は十分あると思われるので、問題の所在は、現状認識を踏まえた、中長期的な視野に立った、対応の不備、教育方法に起因していることが多いと思う。

私事だが、勤務先の銀行から、はるか昔、二〇歳代後半にフランスの銀行の本店に単身一年ほど派遣され、日々周囲のフランス人と接した経験が思い出される。みな一様に個性があり、学歴を問わず、自分の考え方、主張を持った人が多く、議論好きで、ともかく話好き。日本に対する認識も、今から見ると隔世の感があるが、自身の考えを持っていないと、先方の論理で押し通され、終始聞き役となってしまう。相手つまり、フランスのことも知らないと対等に渡り合えない。「郷に入りては郷に従う」、フランスで生活しているのだから、フランス語で対応せざるを得ない。ビジネスは英語でもできると言っても始まらない。むろん、英語万能の世界で、英語はビジネス、政治、学術、文化などのほか、なんと言っても、コミュニケーションのツールとしても欠かせない。英語だけでも大変なのに、さらにフランス語の習得は容易ではないが、自らの体験からも、不十分ながらでも、二か国語をやることの意義は大きかった。

よく言われるように、英語圏以外にも世界が広がり、物の見方も多様化できる。むろんフランス語圏でもグローバル化の流れは顕著だが、ことばを通じた文化の面などフランスの影響力はいまだに大きい。現在フランス語人口は五大陸で二・二億人と言われ、国連、ＥＵ、国際オリンピック委員会などの主要な国際機関の公用語の一つでもある。英語を母国語とする人々の間でもフランス語は今も存在感を持ち続けている。初等中等教育の段階でフランス語を必修としている学校も多い。アメリカ東部のアイビースクールやイギリスの有名なボーディングスクールで第一外国語としているところも多いと聞く。日常、英語を話している相手と接する際にも、議論を通じて、理解を深めるために、フランス語を知っていることのメリットはけっこう大きい。英語圏でも、フランスは歴史的、文化的、学術的にも一目おかれている。その影響力は世界一の観光客数、国際会議数、料理やファッションの世界など依然大きなものがある。フランス語を通じて、相手との共通の話題も増え、こちらの人間としての幅を評価させることにもつながると思う。フランスを始め、ＥＵ諸国では、母語以外に二か国語の習得が推奨されている。

さて、日本の初等中等教育では、フランス語を第二外国語として履修している学生は、一万人程度のようだが、大学入学後は英・仏語を同時に学習するメリットもあり、知識もより深められると思う。外国語学習では、「二兎を追う者は一兎をも得ず」よりも、目を広く世界に向けた方がよい。自らの実体験から、社会人の方も、ぜひチャレンジして活躍の場を拡げていただけたらと思う。

第5章 グローバルな日仏経済交流

5・1　ビジネススクールに見る国際性豊かな交流

小山聡史

INSEAD（インシアード）留学

二〇〇三年一月、二二年ぶりにフランスで生活をすることになった。場所はパリの南東約六〇キロにあるフォンテーヌブロー。世界遺産にも登録され、ナポレオンを筆頭にフランスの歴代君主が愛した城がある場所として知られる観光地である。近郊にはミレーの『晩鐘』の舞台になったバルビゾンのような風光明媚な町があり、それらを二五、〇〇〇ヘクタールにもわたる広大なフォンテーヌブローの森が取り囲んでいる。この鬱蒼とした森がビジネススクールINSEAD発祥の地であり、INSEADの欧州キャンパスがある。大学を卒業してから一二年ぶりに学生の身分に戻った私は、MBA（経営学修士号）を取得するためにこのフォンテーヌブローの地で一年間過ごすことになった。

私とフランスとのつきあいは長い。一九七四年から一九八一年までの七年間、父親の転勤により小学校時代をパリで過ごした。パリから日帰り圏にあるフォンテーヌブローの森には、家族でピクニックやワラビ狩りによく行ったものだった。INSEADとは不思議な縁があり、留学などまったく考えていない大学生のころに知人の紹介でキャンパスを訪問したことがあった。「ここは職歴が五年以上ある国際的なキャリアを志向する人のための学校だ。あなたも興味があったら将来アプライしなさい」、応対してくれた学部長にそう言われたが、その時はまさか一〇年以上経ってから本当に受験することになるとは夢にも思ってもいなかった。

仕事の合間を縫っては受験勉強をし、秋口には念願の合格通知をもらい、クリスマス直後に渡仏した。折しもこの年のフランスは予想外の寒波に襲われ、フォンテーヌブローの気温はなんと連日二桁のマイナス。わき目もふらずに勉強するには最適（?）な環境下で私のINSEAD生活が幕を開けた。

フランス人が世に送り出した新しいコンセプト

INSEADは大学に付属しているビジネススクールではない点が非常にユニークである。反面、学部がないためにハーバードビジネススクール（HBS）のように広く一般の人には知られていないが、トップスクール（二〇一一年のフィナンシャルタイムス紙の世界ビジネススクールランキングで第四位）の一角として七〇数ヶ国から年に一、〇〇〇名近い学生を集める世界最大のＭＢＡプログラムである。自らを"The Business School for the World"と称し、そのネーミングを商標登録しているビジネススクールだけあって、その国際性・多様性の豊かさは他校の追随を許さない。これまでに食品メジャーのユニリーバ、石油メジャーのBP、資源最大手のBHPビリトン、世界最大の化粧品会社ロレアル、ラグジュアリーグッズのルイ・ヴィトン、製薬大手のサノフィ・アベンティス等々、数多くの企業のCEOを輩出し、コンサルティングや金融業界にも多くの人材を送り込んできた。また、研究の分野でもブルーオーシャン戦略のチャン・キム教授を筆頭に四五か国から集まる一三六人の教授陣が高い実績を上げている。

「HBSに伍せる、経営者育成のための大学院を欧州にも作りたい」。今から半世紀前、このHBS教授の一言からINSEADの歴史が始まった。教授の名はジョルジュ・ドリオ。一九二〇年代にフランス人として初めてHBSを卒業し、HBSでの経験からケーススタディを中心とする実践的な経営者育成法を欧州に持ち込む必要性を強く感じていた。パリ商工会議所や企業から資金援助を取り付けて、一九五七年にINSEAD設立にこぎ着けたが、これは見ようによっては、単に米国の成功モデルをフランスに逆輸入しただけに見えるかもしれない。しかし、INSEADがHBSから取り入れたのは実際のビジネス事例を使ったケーススタディというティーチングメソッドのみであり、国際性・多様性というコンセプトはまったく独自のものであった。

大陸間の移動も容易でない冷戦下の一九五〇年代に国際性を身につける必然性はなく、どのみち自国内でしか仕事をしない人が大勢を占める世の中では、多様性は単なる理想でしかなかったことは容易に想像される。しかし、ドリオはいずれビジネスには国境がなくなり、国際的に活躍できる経営者が不可欠になるとの強い信念から、INSEADの枠組みにさまざまな工夫を凝らした。特定国の出身者が主流派を形成しないように同一国からの参加者を全体の一定水準以下に保ち（現在は一〇％が上限の目安）、教授陣も複数の国籍から登用した。また、国際化の第一歩は他国の文化の理解と外国語を自由に操ることであるとの考え方に基づき、当初授業は英語を中心に欧州の主要言語であるフランス語とドイツ語を加えた三か国語で行われた。一九九〇年代に入るとフランス語とドイツ語は消え、校内公用語は英語に統一された。フランス人がなんと言おうと英語が押しも押されもせぬビジネスの共通言語となったことや、一般的に「外国語音痴」とされる英語圏からの参加者を増やす必要性から、現実的な判断をしたと言われている。それに代わるものとして、今では母語と英語に加えて、任意の第二外国語が基礎レベルに達していることが卒業のための要件となっている。INSEADのもう一つのこだわりは、ビジネスケースを自ら作ることにある。ほとんどのビジネススクールがHBSのケースを流用している中、INSEADだけは米国に対して常にライバル意識が強いフランス人が設立した学校のためか、主に米国以外の事例を中心にケースを作成し、ここでも独自性を発揮している。

世界で最初の、世界でもっとも国際的なビジネススクールの運営という壮大な実験は、こうしてフランス人の手によりフランスで始まった。もっともその後も進化は続き、二〇〇一年にはフォンテーヌブローをメインとしながら、二つ目のキャンパスをシンガポールに設立し、両キャンパスを自由に行き来しながらＭＢＡの資格が取得できる世界初のデュアル・キャンパス制を導入した。さらに二〇一〇年には小規模ながらアラブ首長国連邦のアブダビにもキャンパスが設立されている。

INSEADのＭＢＡに集まる学生

一般的に二年かけて資格を取得する米国と異なり、正味一〇か月でＭＢＡを仕上げるINSEADではスタートダッシュが求められるため、学年の平均年齢は二八〜二九歳と、米国のビジネススクールに比べると年齢層が三～四歳上だ。ピリオドと呼ばれる学期は二か月単位であり、年間のカリキュラムは五学期で構成される。前半の二学期はマーケティングや財務会計等必修科目を学び、後半の三学期は各自が卒業後のニーズにあった選択科目を履修する。入学すると国籍や職種が分散するように学校側が慎重にセクション（クラス）分けを行い、さらにセクションをスタディ・グループと呼ばれる五～六人のチームに再分類する。このスタディ・グループはもっとも勉強が辛い最初の四か月の間固定されるので、終わってみると「同じ釜の飯を食った仲間」として非常に近しくなる。私の場合は蓋を開けてみると、コンサルタント出身のポルトガル人とレバノン人、ボスニアの米軍基地に駐屯経験のあるアメリカ人の軍人、携帯通信会社出身のオランダ人、それに日本人商社マンの私という、年齢バンドが二六歳から三四歳の組み合わせで、職種も年齢も出身国もまさに多様だった。このようにINSEADでは学ぶ環境そのものに人種、性別、文化、職種、そして言語の多様性を持ち込むことによって、自分とは常識も考え方も異なる異文化に生きる相手とのビジネスを仮想体験できるようになっている。しかしそれだけにグループワークや試験は相当にチャレンジングだった。メンバーのお国柄が存分に発揮されるので、結論を導き出すまでの過程が困難を極める。日本人の私は年長者であったこともあり、調整役に回ることが多かったが、アメリカ人は必ず答えは一つしかなく自分が絶対に正しいとして他人の意見を聞かず、レバノン人は議論の流れを見極めて勝ち馬に乗ることしか考えず、ポルトガル人はそもそも待ち合わせの時間に来ない、という具合に最初のころは普通に考えたら誰もが匙を投げたくなるような状況が毎日繰り返された。だが面白いもので、時間が経つうちに徐々に自分と異質な相手を尊重するムードが生まれ、最後はチームワークを発揮して、各人の得手不得手に応じて完璧な分業体制が出来上がった。試験ではわれわれのスタディ・グループがあらゆる科目でほぼトップの成績を叩き出した。

ほかにもカルチャーギャップを体験する機会はふんだんにある。キャンパス内がいかに国際的であろうが、一歩外に出るとそこは紛れもなくフランスである。銀行口座の開設、電話、インターネット、電気、ガスの設営といった極めて基本的なことにやたらと時間がかかり、借りたアパートに不具合があって修理を頼むと修理の途中でも平気でバカンスに入ってしまったりする。公共機関のストも頻繁にあり、フランス語が話せないと見るとスーパーのレジでさえ冷たくあしらわれる。フランスに初めてやってきたINSEADの学生は最初の数日間で手厳しい洗礼を受ける。したがって、入学当初の学生同士の話題と言えばフランスのサービスのひどさの一点につきるが、なぜかこれだけ嫌な思いをしても、フランスが嫌いだという人はなかなか出てこない。フランスはそういったマイナス面をすべて帳消しにするだけの魅力を持っているようだ。

キャンパスでは、学食での英国人とフランス人コックとの牛肉の焼き加減をめぐる争いが語り草だった。フランス人は一〇人中八人がレアを好む。したがって、学食のグリルコーナーに行くと、有無を言わさずにレアのステーキ肉を皿に盛られる。ところが、英国人は習慣としてそこまでレアの肉は食べない。そこで、もっと焼いてくれと言うことになるが、コックは断固として言うことを聞かない。これ以上焼いたら料理ではなくなる、というのが彼の言い分だ。英国人はすかさず、生肉のようでは料理でないと切り返すと同時に、金を払っている以上客の言うことを聞くべきだと権利を主張し始める。この頃になるとコックもヒートアップしてきて、この肉の良さがわからないならフランスに来るな、と大喧嘩に発展してしまう。このエピソードは今となっては笑い話でしかないが、ことほどさように文化や習慣の違いを甘く見ると大変なことになる。余談だが、面白いことに、英国人から見れば最低なこの学食は米ペンシルバニア大学ウォートン・スクールから交換留学でINSEADに来ている学生からは世界一おいしい学食とすこぶる評価が高かった。食文化に乏しい国から来ると、ビュッフェ形式とはいえフルコースが供されワインまで揃う学食は「さすがグルメの国フランス」ということで豪勢なものに映るらしい。食文化だけでなく、フランスでは芸術面でも他国では考えられないほど文化的に豊かな生活がある。INSEADの教授の中には、自然に触れながら長いバカンスを謳歌するフランス式ライフスタイル（アール・ド・ヴィーヴル）に憧れてフォンテーヌブローにやってくる人が多いのもうなずける。

INSEAD Life ―― "Work hard, play hard"

INSEADのモットーに"Work hard, play hard"とある。仕事ができるのはあたりまえ、それにオントップで遊びもできてこそ一人前ということだ。日本語に訳せば、「よく学び、よく遊べ」がINSEADでは文字通り徹底されている。"Work hard"というだけあって勉強はつらい。とにかく莫大な量の読み物があり、時間が足りない。初日のオリエンテーション時にビジネスケースやら教材のぎっしり詰まったデパートの紙袋のようなものを二つ渡されたが、これが最初の二か月分だけだと聞いた時には愕然とした。教科書とは別に数十ページあるビジネスケースを少なくとも毎日三～四本は読んで、それを自分なりに咀嚼した上で、授業で発言できるよう準備しなければならないので、まじめに全部やろうとすると寝る時間がなくなる。悪いことに、偏差値による相対評価で成績が決まるINSEADでは勉強せざるを得ない状況に否が応でも追い込まれる仕組みになっている。絶対的な点数ではなく、平均点よりもどのくらい上または下に自分がいるかで勝負が決するということは、仮にみんなが良い点を取る試験で自分だけ点数が悪かったりすると足切りバーに引っかかり、再履修の憂き目を見ることになる。成績不良で放校処分になる学生が毎年数人出ることも一段と恐怖感を煽る。結果として、全体のレベル感がつかめない最初のころはみんな寝不足も顧みず必死に勉強することになる。徹夜を見込んでか、コンビニ一つないフォンテーヌブローでもキャンパスの図書館だけは二四時間営業だ。

一月のフォンテーヌブローは特に気が滅入った。朝の八時過ぎまで日が昇らず、しかも気温は零下なので、家を出るころはまだ駐車場に止めてある車のフロントガラスが完全に凍結している。エンジンをかけても凍結がすぐに取れないので、毎朝コップいっぱいのお湯を持って車の窓の氷を溶かすのが私の日課だった。夕方になると四時ごろには真っ暗になってしまう。こういう気候の中で朝から夜中まで勉強するのだから、精神衛生上はあまりよくない。しかし、冬ならではの楽しみもあった。深夜のドライブだ。ある日午前〇時過ぎに図書館を出て森の中を家に向かって走っていると、道路の近くまで餌を探しに出てきた鹿の親子とイノシシの家族に遭遇した。野性の動物を間近で見るのは初めてだったので、最初は驚いたが、彼らの生態は観察していると本当に面白く、時間を忘れて見入ってしまう。それ以来夜中に勉強が行き詰ると動物を見にドライブに出かけるようになった。ちなみに、イノシシは図体がでかいだけにけっこう危険で、私のクラスメイトの中には森の中でイノシシに衝突して車が大破した不幸な人間もいた。ただ、フランスのルールでは、自分で轢いた動物は自分の所有物になるらしく、数日後にはイノシシがパテに変身してクラスで振る舞われていたのを今でも覚えている。そうこうしているうちに、気候も勉強も厳しい最初の二学期がようやく終わり、フォンテーヌブローの森も四月末には新緑の季節を迎えて、日も少しずつ長くなってくる。ちょうどペースにも慣れ、授業も絶対評価の選択科目に移っていくので、勉強の方はやや余裕が出てくるころだ。

INSEAD の "Play hard" も半端ではない。せっかく INSEAD で出会ったのも何かの縁ということで、毎週水曜日ともなると、ぽつぽつとパーティーが開かれるようになり、木金土に至っては同時多発的に複数の場所でパーティーが催される。大体のパターンは、独身者が共同で住んでいる大きな田舎家やシャトーがにわか仕立てのクラブに変身し、朝まで酒を飲んで踊り明かすことになる。人前で酔っぱらうのが日本人の悪いところとよく言われるが、必ずしもそれが日本人の専売特許ではないことはこのパーティーでよくわかった。みんな昼間の真剣な顔はいったいどこに行ったのかと疑いたくなるほど、ハチャメチャに羽目を外す。それにしても朝の八時半から午後まで授業を受け、その後にグループワークと自習、そしてさらにその後にパーティーとなると体力的にはけっこうつらい。オンとオフのバランスをどうやって取るか、まさに各人のマネジメント能力が問われる。私はバブル世代だけにパーティーと聞くとついつい血が騒ぎ、結局ほとんど欠かさずに顔を出していたが、そのおかげで顔が広くなったので、体を酷使した甲斐はあったと思っている。ただ、そのせいで朝一の授業に遅刻することがよくあり、その度に担当教授からは時間を守らない日本人は初めてだと嫌味を言われたものだ。INSEADでは伝統的に授業に遅れたり、授業中に携帯電話を鳴らしたりするとシャンパンのボトルを一本寄付させられる習わしがあったので、危うく私もシャンパン貧乏になるところだった。

INSEADで代々受け継がれているイベントにナショナルウィークという企画がある。これは同じ出身国の学生がチームを組んで、一週間にわたり自分の国をさまざまな形で趣向を凝らして紹介する企画で、INSEADでも人気の高いイベントとして知られている。この一週間だけは誰もが自国の宣伝係に徹する。私の学年には五人しか日本人がいなかったものの、無謀にもジャパンウィークの開催を申し出て、受理された。われわれは幸いにも日本企業のスポンサーを取り付けることに成功し、それを財源に日替わりで、日本酒テイスティング、着物の着付け、剣道の立ち会い、邦画上映会、日本人の著名卒業生によるレクチャー等を企画した。そして最終日にはパリの寿司屋からケータリングを入れてシャトーを借り切っての大パーティーで締めくくり、ジャパンウィークは成功裏に終了した。遊びの延長ではあっても、国際交流においてはまず他国を少しでも理解することが重要であるという意味で、この種のイベントは意義深いと感じた。また、企画する側のわれわれも自国をより良く知ってもらおうと努力することで、日本人であることのアイデンティティーを再認識でき、非常に満足度が高かった。

そんなINSEADでもっとも大きなイベントが、夏と冬に開催されるボールと呼ばれる本格的な大舞踏会である。これには日ごろはまったくお洒落をしない学生も男性はブラックタイ、女性はドレスという具合にドレスアップして臨む。日本人的にはちょっと照れくさいところだが、TPOに応じてガラッと装いを変えるあたりがいかにもヨーロッパ的で面白い。学校の公式行事であるボールの参加者は卒業生や招待客も入れると二、〇〇〇人を超え、フォンテーヌブロー城を貸し切って行われるパーティーは一説にヨーロッパ最大との話もある。パーティーは夜通し続き、朝の五時に朝食がサービスされて終了する。最後まで生き残った強者には栄誉ある「サバイバー」の称号が与えられる。

このほかにも、学期と学期の間に三～四日間ある休暇を利用してクラスメイトの故郷を訪ねてみたり、グループ旅行をしたり、とにかく勉強の合間に可能な限り"Play hard"を実践した。"Work hard"の後だけに"Play hard"の充実感も高いし、"Play hard"があるからこそまた心機一転"Work hard"できる。商社では有給休暇をほとんど使わずに一年を終えるのがあたりまえだった私は、このINSEADでの経験が転機になって、以来有給休暇はすべて消化することを目標にするようになった。

世界に散らばるINSEADネットワーク――ボーダーレス化時代の国際交流

INSEADの国際性の真の価値を実感するのは卒業してからである。密度の濃い一年があっという間に終わると、卒業生は再び世界中に散らばっていく。最新のデータによれば、卒業生の五六%は入学前と異なる国に就職先を見つけ、地域的には四〇%が欧州、二五%がアジアに向かう。長年の蓄積により、INSEADのMBA卒業生が一〇〇人以上いる国はすでに三七か国を数える。米国のトップスクールの平均が一〇か国程度であることを考えれば、いかにINSEADのネットワークが国際的であるかがよくわかる。卒業生にとっても卒業と同時にこのネットワークが手に入るメリットは大きい。初めて仕事をする国でアドバイスがほしければ、その国にいる同窓生をイントラネットで検索すればよいだけだ。たとえ学年は違っても同じ仲間ということで驚くほど簡単に相談に乗ってくれる上に、みな、同じレベルの教育を受け、感覚も視野も国際的なので、的を射たアドバイスが得られる。さらにその国に元クラスメイトがいればもっとよい。出張に行く度に元クラスメイトが集まって歓迎してくれ、旧交を温めることができる。

自分にとってINSEADが何だったのかはとても一言では言い表せないが、厳しい勉強を乗り切ったことで自信がついただけでなく、得難い経験をし、やはり新たに世界中に友人を得たことで自分の世界が大きく広がったことが最大の収穫だったと思う。振り返ると、INSEADでの一年は自分にとって、これまでの人生で一番楽しい一年だったと言っても過言ではない。

INSEADの同窓会は五年ごとにフォンテーヌブローで開かれ、世界中から集まったクラスメイトが昔を懐かしみながらつかの間のばか騒ぎをする。みんな年をとるだけでなく、仕事や住む国が変わったり、家族が増えたり（INSEADカップルもけっこう多い）、百人百様だ。私の学年の一〇周年の集まりは二〇一三年五月、今からその時が待ち遠しい。

参考文献

INSEAD — from intuition to institution, Jean-Louis Barsoux, Palgrave Macmillan, 2000
INSEAD公式ウェブサイト（www.insead.edu/）

5・2　ユニークなフランス流経営
——あるフランス企業のコーポレート・ガバナンス

佐藤康夫

コーポレート・ガバナンス（企業統治）と言うと、難しい話かと想像される方が多いと思う。ここでは法律論を述べるつもりはなく、私が四〇数年勤務していたフランスのグローバル企業の一つであるエア・リキード・グループで直面した事例をもとに、この企業の経営手法について、日本の「一般的」な手法との比較をしながら、ご紹介したい。

ところで、フランスの企業について、日本の企業人に一般的な印象を聞くと、「フランスの企業とは仕事がやりにくそう」「フランスはファッションの国で産業はよく知らない」「英語が通じないし…」等とよく言われる。肯定的な意見が聞かれることは少ない。しかし、フランス人の多くは、ビジネスの上では英語を不自由なく使うし、フランスは世界第五位の工業国であるとも言われ、自動車・エネルギー・鉄道・航空機・海洋などの産業においては世界をリードしてもいる。

フランス企業のマネジメント・スタイルの大きな特徴は、多くの場合上層部に情報と権限が集中していることにある。実際、私の勤務していたエア・リキードもその例外ではなく、一九〇二年の創立以来約一一〇年の歴史の中でトップであるＣＥＯは、現在五人目である。すなわち一人の長が長い期間にわたり権限を集中させかつリーダーシップを発揮してきたのだ。この権限の集中とリーダーシップを適正に活かす彼ら流の革新的なガバナンス手法を、詳しく述べたいと思う。

フランス流コンセンサス

一九九四年秋のある月曜日の朝、私は休み明けで多少ボーとしてパリ七区にある本社のオフィスに出勤した。自室（各人個室である）に入り仕事を始めようとした時、机の上の電話が鳴った。取締役会長兼CEOのK氏からの直接の電話で、「すぐに上がって来てくれ」（彼のオフィスは七階で、私は五階）とのこと。秘書も通さず、事前のアポイントもなしにである。組織的にはK氏と私の間にはもう一階層があるので、その当時の指示命令系統としては、一旦私のボスに要件を言ってボスから私に指示をするか、またはボスも同席し打ち合わせをするのが、一般的と思われていたが…。

K氏の話は、私が責任を持っている事業（四つの事業部門の一つ）のアメリカ市場での戦略を問うものだった。しばらく私からの説明と提案を聞いた後、私の担当事業の拠点をフランスからアメリカに移すことを即座に決定した。これはその当時としては非常に大きな決定であった。というのも、過去一〇〇年の歴史の中で本社の機能はすべてフランス本社にあり、パリから全世界を統括していくのが常であったのを、四つの事業部門のうちの一つの事業の本社機能を海外に移すことになるからだ。翌年二月、私を始め私の事業部の本社スタッフは全員アメリカに本拠を移し、アメリカから世界各地を統括することとなった。この決定は奏功し、アメリカでの事業は一年間で急速に拡大、それに合わせヨーロッパ・アジアでの事業も大いに伸長することとなったのだ。

Ｋ氏のこの当を得た決定には、私の提案を受けて即座に行えるだけの十分な情報と知識をすでに持ち合わせていた点がとても重要であり、フランス企業のトップの責任と判断力が明確であるということを示している。

このようにスピードのある経営、すなわちトップがリーダーシップを発揮するため、彼らは日ごろから豊富な情報をとる努力をしている。社内からとるだけでなく、自ら勉強し、そして顧客や外の情報源へも頻繁に出かけるなどの努力を惜しまず、その行動力には目を見張るものがある。

フランス企業の場合、取締役会長兼ＣＥＯだけでなく、グループの長・部門の長等、ある規模の人の集まりを統率するリーダーには、自らが責任を持つ業務の中身について他から質問された際に「わかりません」という答えはない。Ｋ氏は、私の担当する事業について、大きな数字の流れはもちろん、市場動向・顧客情報・技術情報など細かいことでも、私が驚くほど熟知していた。よくフランスの経営者は細かいという声を聴くのもこんなところに理由があるのかもしれない。

さて、このＫ氏の決定について、ガバナンス上の重要な点は、その決定が適切であるという統一した意思（コンセンサス）が即座に社内に構築されていったことにある。私がＫ氏との打ち合わせを終わって半日も経たない間に、私のボスを始め多くのマネジメント・メンバーがこの決定を知っていた。Ｋ氏が、各部門の長に対し、自らの決定について速やかに意思統一をする努力をしたからにほかならない。

このコンセンサスの構築について、もう一つの実例をご紹介しよう。

日本からこの会社のアジア・パシフィックゾーンを統括していたＢ氏は、ある重要な案件について、半日ほどをかけてパリ本社の主要な関係先や日本の子会社のトップなどに電話をかけまくり、関係者一人一人に直接説明し納得させていたことがとても印象に残っている。

意外かもしれないが、フランスには、コンセンサスをとても大切にする文化がある。しかしこのコンセンサスは、日本のそれとはかなり異なるようだ。

日本はコンセンサスの国と言われている。国語辞典で「コンセンサス」を引いてみると、「意見の一致・同意」と説明されている。コンセンサスは日本独特のものではなくフランスの企業でもコンセンサスがきちんと取られているのである。しかし何が異なるのであろうか？

そもそもコンセンサスの取り方が異なることに注目したい。フランスの企業でのコンセンサスは、リーダーという個人に対する信頼がベースになっている。「このリーダーであれば、豊富な情報の下に適切な決断が行われ、全面的についていける」となり、決定には一〇〇％納得することで「意見の一致」が生まれている。

一方、私の経験による日本的なコンセンサスは、リーダーが関係する人々の意見を聞き、関係者全体として「一つの方向について意見の一致を図る」努力をする。根回しと同義かもしれない。取られた決定について、関係者個人個人は六〇～七〇％程度しか同意できないけれども、「その方向で行こうか」と変な納得のもとで決定を進めることになる。すなわち関係者の集団としての決定になり、トップの責任が曖昧に見えることにもなる。日本ではトップがすぐに大きな決定を、かつ単独でするのは稀である。このことは外国から見て大変奇異に感じる点でもある。

トップは細かいことまではわからないとか、あとは下に任せているとの理由で、自らの不十分な情報を補完するため、いろいろな部門のいろいろな人の意見を聞いて、いわゆる「日本的なコンセンサス」を構築するプロセスを経ることとなる。責任の曖昧さだけでなく多くの時間を使うことでスピード感が得られないこともしばしば見受けられる。

日本では、企業の重要な事項についてトップが常に前面に出て問題を処理することはまだまだ少ない。これらが、フランス企業の意思決定プロセスのためのコンセンサスの取り方と日本のそれとで大いに異なる点である。

オープンでスピーディーなマトリックス

フランス人流のガバナンス手法として、もう一つ付け加えたい点は、組織のマトリックスが徹底されていることにある。エア・リキードでは、一九九〇年ごろから組織をマトリックスにした。いわゆるピラミッド型の組織ではなく、環境の多様化に対応するため機能別、事業別、地域別など、異なる組織形態の利点を掛け合わせ、同時に意思疎通を達成しようとする組織形態である。

当時、CEOのK氏は、わが社には組織図はないし作らない、と説明したのを覚えている。確かにマトリックス組織では組織図を書くのはとても難しいのと、直線や破線が多数できて誤解を招く可能性が大だからK氏の言われることも納得できた。マトリックス組織では多くの部門や人々と情報を共有し即座に全体を機能させるのが目的であるが、それに加えコンセンサスを構築するのにもとても適していると思われる。しかし、これをうまく機能させるには、各人が公正でオープンな意思と情報伝達の有用性を理解している必要がある。この企業では、キーになる人々は精力的に連絡をし合っているから、この組織もうまく機能していると言える。

もともとフランス人は一般的にとてもしゃべることが好きだし得意であるから、情報の伝達は苦にならないのだと思う。かえってフランスでは、仕事上での内緒ごとはなかなか難しいと感じる。日本ではよく以心伝心などと言って、多くを語らず一つ言えば一〇わかるはずと言うが、フランスは「一〇言って一〇わかってもらう」手法とでも言おうか？　オープンで隠すことのない情報伝達と共有によって、必然的に公正でコントロールされた企業運営、すなわちガバナンス機能が発揮されることになる。その点、日本企業では、日本人の特性が障害となってオープンなマトリックスがうまく機能している例を見ることは稀である。ちなみにエア・リキードの日本の子会社では、二〇〇〇名以上が働いているが、日本人にはこのマトリックス組織がまだまだなじんでいないようだ。どうも日本人は上下関係のはっきりしたピラミッド組織を好むようだし、多くの人と情報を共有しようとする努力に欠けているのに加え、日本式意思決定手法を守ろうとする傾向があるようだ。

日本国内だけでの事業であればこの日本的な手法はそれなりのメリットがあるのかもしれない。しかし世界に伍していかねばならない場合は、判断のスピードが要求され、このようなオープンとは言い切れない手法では世界の流れに乗り遅れる原因ともなる。グローバル社会に対しては日本的な回りくどい手法でかつ少ないことばで相手に物事を理解させるより、オープンで自分の思うところを一〇〇％表現して議論していく姿勢が、これからは必要だろう。

外に開かれた経営組織

フランスでも、日本と同様、企業にはいくつもの法人形態がある。有限会社、株式会社、単純型株式会社、合名会社等など。株式会社でも株式を市場に上場している会社とそうでない会社もある。エア・リキードは、フランスの株式市場に上場しており、大企業の一つであることから市場に対し透明性の高い経営組織と外部からの監視システムを採用している。このシステムは、日本の一般的な大企業のシステムとはかなり異なる。

日本企業の人から、エア・リキードの誰々さんは役員ですか？ 役員は誰と誰ですか？という質問を時々いただいた。しかし現実は、業務を執行している取締役はＣＥＯ一人しかいないのだ。このことを日本企業の経営者に理解していただくのに苦労をしたこともある。

日本の大企業の社長がパリのエア・リキード本社を訪問し、重要な話をしたいのに役員でない人と話をするのでは、つり合いが取れないと言われたことも何回かある。実はそうではないのだ。取締役は業務を経営メンバーに委任しその行動を監督する機能を持ち、実務はこれら経営メンバーによって実行されている。したがって役員でなかったとしても経営メンバーに面談するのが最適なのである。こうしたガバナンス組織は、基本的には日本でいう委員会設置会社と類似しているが、その内容は大変特異である。というのも、一三人の取締役で構成される取締役会（Le Conseil d' Administration）と一二人の経営メンバー(Comité Executif）で構成される執行部門とがある。

この一三人の取締役のうちＣＥＯを除く一二人は社外取締役である。これら社外取締役の多くは、大企業経営者や経済学者等だ。このうち三名は女性、五名がフランス以外の国籍の人だ。

特にガバナンス上重要な監査委員会の委員長は社外取締役が務めている。このことは、外部の独立した立場からの監視を重要視していることの現れである。

よく日本の経営者から、「社外取締役は事業内容を理解していないので、適切な判断ができない」というような話も聞く。私は、自分の経験からも、このような考え方には賛同できない。企業の経営には、外部からの意見がとても大切なのだ。これがガバナンスを機能させ長期的なリーダーシップを発揮させる重要な要素になっていると信じている。このようなガバナンス組織は、フランスの大企業では最近増加してきている。

メリハリのある働き方

私は、その当時の典型的？な日本人サラリーマンだった。土曜・日曜でもよく出勤し、フランス人の同僚からは、メリハリのない仕事をしていて効率が悪いのではないかと言われたこともしばしばである。

ある土曜日、私は仕事でパリの本社へ出勤した。土曜・日曜・祭日は正門が閉まっているから、裏門の守衛室に入って、自分の名前・時間等を書いてサインし中に入るのだが、この日は、たまたま守衛室の出勤者リストを見る機会があり大変驚いた。というのも、トップ・マネジメントの面々が土曜日にもかかわらず大勢出勤しているではないか。中に入って偶然にもCOOのFさんに出くわし、「土曜日なのに…」と声をかけると、「いつも土曜日は会社に来ていますよ！　土曜は静かにたくさんのことを片付けられるからね！　それと、もうそろそろバカンスで三週間はお休みしますからね…」との返事。パリへ赴任当初は、こんなに長く会社を休んで事業が支障なく行えるのか、とても気になったが、そこはマトリックス組織を通して、多くの人たちに情報が共有されていることで、全体がうまく機能しているのだ。メリハリのある働き方の中にも、情報の収集に余念がないことの表れでもある。

このFさんとは、私の事業部門のお客様との商談によく同行してもらったが、その勢力的な働きぶりと言ったら、私はとても体力的についていけないと思ったこともしばしばだった。毎日ホテルを移動、朝は早くから、夜は必ず顧客と食事で、夜一二時ごろになるのはあたりまえ。少しでも時間があれば、本社に電話。多分コンセンサスをとるためなのだろう。この人は休むことを知らない人だと思っていた。しかし、バカンスはきちんととるのである。ゆっくり休んで、静かに次の戦略を練るのは、とても理にかなっているように思えるし、休む時はきちんと休み、働く時は全力投球をするというメリハリのはっきりした姿勢がフランス式なのだ。上層部のこの姿勢が、彼ら流のガバナンス手法と相まって、効率の良い経営を可能にしていることを実感した。

さらなるグローバル化を目指して

エア・リキードは、一九〇二年にフランスに創設された。そして、そのわずか五年後の一九〇七年（明治四〇年）には、日本に進出した。創立後海外へ進出したのはベルギーに次ぎ日本が二番目である。そして、現在の八〇か国以上への進出には、日本での経験が果たした役割は小さくないようだ。ローカルのイニシアティブを促進しながら、グローバルな経営を国際的に進めていくと言う、独特のスタイルを編み出すまでには、文化の極端に異なる日本での事業を一〇〇年以上続けていく中で習得した経験則を他の地域への進出に活かしてきたとも言えるだろう。そして、現在でも新たな国への進出を続けている。

このグローバル企業は、その根本の経営理念とも言うべき「イノベーションの絶え間ない探求」と「人の尊重」、そして進出した国での「Bon citoyen= 良い市民」を経営の基軸として世界で成長していくことを目指してきたし、これからもこれは変わることはないだろう。グループで働く四三、〇〇〇人の従業員のスキルやモチベーションの向上のためにも、また総合力を効果的に機能させるためにも、人種や性別にこだわることなく多様な考えや方向を生み出す人々の力によって、変化の大きな世界に対応していこうとしている。例えば、全世界で働いている女性管理職の割合を二〇一五年には三三％以上にするという目標を立てているし、また管理職の三五％以上はフランス人以外で構成されている。パリの本社では、アメリカ人、シンガポール人、日本人、インド人等、極めて多彩な人種の人々が全世界を統括する役目を負って働いている。ぜひ日本の若者もこうしたグローバル企業で大いに活躍されることを願ってやまない。

注：この記事は、私独自の理解に基づき記述したことを付け加えておく。
参考文献：エア・リキード二〇〇九年および二〇一〇年アニュアルレポート。

5・3　新興国・途上国で息の合う日本とフランス——補完の戦略と協力の精神

久米五郎太

フランスの経済や企業は二〇〇〇年代になって大きく変わった。特に大企業がＥＵの拡大と経済のグローバル化のなかで非常に国際的になっている。ＣＡＣ四〇（パリ証券取引所のベンチマーク指標）を構成する上位四〇社の平均では、外国人持株比率が四五％超、売上げと従業員の三分の二はフランス以外である。フランスの大企業は欧州や米国の企業を買収し、アジアなど新興国にも積極的に進出しており、日本や米国よりも多国籍化・グローバル化が進んでいるように見える。フランスの貿易や直接投資の相手先もこれを受けて変化し、中近東・アフリカだけでなくアジア・中南米でも日本企業とフランス企業が接し、競争し、あるいは協力する例が増えている。

私自身は日本輸出入銀行（現在の国際協力銀行、ＪＢＩＣ）や商社などで海外の政府・金融機関やプロジェクトに対するファイナンスに長く携わった。そのなかで知り、関わった日仏企業の協力の事例を以下で紹介し、日仏の企業の特性についても述べたい。

石油ガス開発での協力――インドネシア・豪州

インドネシアは日本にとって重要な資源輸入先である。石油・液化天然ガス（LNG）の輸入量はピーク時に比べて減ったが、LNGについては依然としてマレーシア・豪州と並ぶ三大輸入先であり、今後の輸入も見込まれている。インドネシアの石油ガス開発の分野では、日本とフランスの企業が長年密接な協力を続け、事業を大きく発展させてきた。この例をまず紹介したい。

一九七〇年代半ばに、私はカリマンタン島の東部をヘリコプターで飛び、マハカム沖の石油ガスの掘削現場とボンタンのLNGプラントの建設現場を見学したことがある。森林を切り開いた建設現場は過酷な生活環境で、日本人宿舎の食卓の上にはマラリア予防薬の瓶が置かれていた。その夜はカリマンタンの港町バリックパパンにあるインドネシア石油公社プルタミナの宿舎に泊まった。ここは第二次大戦中にパレンバンなどとともに日本が石油確保のために占領し、戦闘があった町である。地元の中華料理屋で関係者と会食をしたが、出席した一〇人強は全員がトタール（Total）社のフランス人とその奥方だった。聞いてみると彼らは子供も連れてきており、フレンチ・スクールもあるとのことだった。日本企業の海外工事や海外事業では今でも単身赴任が多いようだが、欧米企業では当時から辺鄙なところでも居住区を作り、家族連れでの赴任が一般的と聞いていたが、フランス人もそうであった。フランス人はアフリカを始め様々な現場に住み、その安全確保にフランス政府は自国機を飛ばす。私が訪れた時のコジェマCOGEMA（現在のアレバ）の居住区では、パリから食料品が定期的に空輸され、星降る野外の映画館で『バリー・リンドン』を見た記憶もある。ニジェールのウラン鉱山ではサハラ地帯の治安の悪化のなかで、一昨年誘拐事件がおきた。

さてインドネシアでの開発事業は、その後マハカム沖合やアタカなど多くの鉱区で次々と石油・ガスが発見され、ガスはボンタンで液化され、日本がそれらを輸入し、インドネシアと日本の経済関係は深まった。

石油・ガスの世界では事業に巨額な資金と大きなリスクを伴うので、参加企業がジョイント・ベンチャーを組むことが多く、日本企業もこれまでにシェル・エクソンモービルなどの欧米企業や最近は力をつけた産油国の国営企業と多くの鉱区で協力してきている。

トタールと日本企業との関係ではアブダビ・カタールなどでも商社との協力が行われているが、なかでもインペックス（現在の国際石油開発帝石）との間の協力は四〇年に及び、大きく発展してきた点で特筆される。初期の頃は日本側が資源の引き取りと長期資金を分担し、フランス側が石油開発の経験と技術力を出したが、今や総額二・六兆円という豪州のイクシスガス開発・LNGプロジェクトでは日本側が開発事業を主導し、フランス側がそれに参加するという新しい形の協力が生まれている。両社の協力は、たまたま技術者がインドネシアへの飛行機で隣り合って座ったことから始まったようだが、技術・財務の面で補完性があり、戦略が一致し、実績が上がり、相互の信頼が増し、協力が深まった。この背景にはインペックスの企業としての成長と技術力の強化があるが、トタールの側でも社長が定期的に日本を訪れるなど、日本を重視し、深く理解しようとする姿勢があった。相互によくつきあい、文化的にも親近感があったばかりでなく、本社と日本のマネージメント双方に協力を続け、発展させるという強い精神があったと代々のトタールの在日代表から聞いた。

インフラ事業に取り組む――世界のなかでの民活事業・中国での水道事業

近年、新興国の高成長と世界的な人口増加によりインフラストラクチャーの建設需要が急速に高まり、日本企業にとってアジアなどでの投資や輸出の大きなビジネス機会が訪れている。インフラの事業は政府セクターが行うものが多いが、民間企業が参加する「民活」事業はすでに二〇年以上も前から世界中で進められ、今後も伸びが期待される。日本企業は民間発電事業ＩＰＰではすでに世界的に大きなプレゼンスを有し、通信事業も手がけ、最近は上下水道での取り組みが活発になっており、都市や交通インフラへの進出も期待されている。フランス企業は発電だけでなく、上下水道、ゴミの収集処理、都市鉄道、橋、有料駐車場などの都市サービスや高速道路、空港などの交通など広範な分野で国際的に事業を進め、大きな実績を上げている。

海外の水道事業分野では、丸紅が九〇年代末に中国の成都でフランス企業ビベンディ（Vivendi、前身はジェネラルデゾ）と組んで上水事業を始めた。成都は四川省の省都で、山に囲まれ、雨が多く、犬は太陽が出ると珍しいので吠えるとさえいわれる。大きな川から水を引き、浄水し、パイプラインで配水する。そして、成都市に水を売り、代金を受け取るという長期の卸売り事業であった。取り上げに際し、降水が十分か、配水網のコストはどうか、需要は予想通り伸びるか、市の支払い能力など、いくつもの点が検討された。ファイナンスは日本側が主にアレンジし、成都市のリスクをアジア開発銀行がとり、欧州投資銀行やフランスの銀行も融資に参加した。現地を訪問した時は、工場長はフランス人、経理を日本側が出し、隣接の市営水道局に比べはるかに少ない人数で効率的な運転をしていた。

丸紅はメキシコやカタールでもフランスのエンジニアリング企業と組んだ実績があり、最近ではチリで地元企業を買収し、水道事業者として本格的に海外事業を展開している。同社の海外電力事業もフランス企業との連携を活かして、業務を国際的に拡大した例である。

一方、ビベンディはその後水道・廃棄物・交通などのビジネスをヴェオリア環境（VEOLIA EENVIRONMENT）として分離し、中国の上海・深圳を始めとする多くの都市で上下水道の建設や長期運営事業を拡大し、一億人に上水を供給する世界最大の上下水道事業会社となっている。ビベンディの国際部長とは世界銀行の総会やパリ訪問の際によく意見交換したが、国際金融機関や相手国の政府に自らのビジネスモデルを理解させ、それを採用させるため、大きなシンポジウムを開くという構えの大きなアプローチをとっていた。フランスの他の水道会社も国内での経験を活かし、政府の支援も受けながら国際的に業務を展開している。二〇〇三年の関西での世界水フォーラムのときには、イラク戦争勃発で最終的にビデオ参加になったが、シラク元大統領がフランスの水道事業をアピールしたことも記憶に新しい。

最近では日本企業がアジア等で現地政府と組み、電力・水道・鉄道・スマートシティなどの事業の取り組みを積極化している。インフラ事業は基本的に地場に根ざした事業であり、産業用の場合は異なるが、多くの場合に現地の中央・地方政府と住民の信頼を取り付けつつ、インフレが進行する中でコストをコントロールし、政府の側での利用料金引き上げも必要である。またサービスの向上も欠かせないし、数多くの人を雇用する。個々の事業の性格、国や自治体の財政状態など、多様な要素を踏まえたビジネスモデルと抜け目のない交渉力が必要である。今後、日本企業はアジアなどの地場企業とうまく組むことも重要であり、同時に一日の長がある欧米企業、なかでも実績の多いフランス企業の経験を学び、競争しつつ時に協力していくことも必要であろう。

エンジニアの国フランスとの協力――ベトナムでの精油所建設

グローバル化はエンジニアリングの世界でも広がっている。国境を越えてエンジニアリング会社同士が協力し、資源・インフラ・工業などの大型プロジェクトに取り組むケースが増えている。日仏の企業協力の一例としてベトナムの精油所プロジェクトをとりあげたい。

ベトナムは今や人口が八〇〇〇万人強、高成長を続ける大きな市場である。日欧韓中などの企業が大型インフラ契約の受注を争い、低賃金を活かした工場建設も活発である。日本とフランスは九〇年代半ばにインドシナ復興への国際支援をリードした仲でもある。

ベトナムは長年にわたり石油製品を輸入してきたが、数年前に中部のズンクアットに同国初の国営精油所を建設した。当初はロシアとの協力を進めたが、最終的には欧日企業によるコンソーシアム（企業連合）に発注した。沖合で中東からの輸入原油を受け入れ、地盤を補強した高台に建設した精油所（日産六五〇〇トン、年産一三万バーレル）が二〇〇九年二月に稼働を開始した。設計・調達・建設を行うコンソーシアムはフランスと日本の最大手のテクニップ（Ｔｅｃｈｎｉｐ）と日揮が主導し、スペインの企業も加わった。テクニップはパリとクアラルンプール（アジアの地域拠点）を中心にベネズエラなどのエンジニアを活用、日揮も横浜本社やアジアのエンジニアを動員した。世界的に大型プラント建設のブームの時期に当たったので、設計を数多くの海外拠点で行い、資材の調達では品質確保や価格高騰に悩み、また工事はベトナムの国営建設会社が担当し、日本側が最後の段階で東南アジアからの指導員を投入し完成させた。建設資金の一部には、国際協力銀行とフランスの銀行などによる輸出金融が組成された。総額二五億ドルという巨大プロジェクトを共産党、中央政府と公社の役割分担が必ずしもはっきりしない国で完成させるのは大変であったということは想像に難くない。なお、この後、ベトナムでは北部に年産二〇万バーレルのギソン精油所の建設を計画し、合弁企業には出光やクウェート政府企業が参加している。

大型プラントの仕事では設計の一部を海外に発注し、大量かつ多岐にわたる機材を国際的に調達し、建設の現場では多数の国の何万という労働者が働く。納期の遅延や品質の確保を始めとして、為替、インフレ、不払い、安全など様々なリスクがあるので、最近では複数の企業が国をまたがって協力し、リスクを分散するのが一般化してきている。

エンジニアリングの方法論やプロジェクト・マネージメントの方法は米英から導入されたため国際的に共通性が高いが、各国の企業はそれぞれの国の技術力、文化や仕事のやり方、人件費コスト、為替競争力を基に独自の強みと弱みを持っている。客先が技術を含め文化的にも信頼し易い企業に発注したいという要素もあり、条件のよいファイナンスを供与できるかという側面も重要である。

米国企業は総じて規模が大きく、すべてを自分で取り仕切り、また一括請負のリスクを避けようとするのに対し、フランス企業は規模も小さく、一括請負のリスクをとり、それを他の国の企業と組み、分散する戦略をとるという点で日本企業と近い。またフランスにとって中近東・アフリカは外交・経済関係が深く、市場を良く知り、実績も多くあるが、アジアでは逆に日本が優位に立っており、国際協力銀行や国際協力機構ＪＩＣＡの資金を活用できる。こうした事情からこれまでドイツ企業やアメリカ企業との協力案件もあるが、日仏の企業協力の数は多くなっている。見積から契約交渉、契約履行、引渡までの三年から五年程度の間、一緒になって客先にもあたり、利害を調整する過程ではコンソーシアム内で様々なコミュニケーションを行う。時間とコストを考量し、原則と個別の対応とが混ざった判断がなされ、いわば一種の文化交流が行われる。

フランスの強みと日本の強みの組み合わせ

企業は一方で競争しているのに、なぜ他方でコンソーシアムを組み、合弁事業を行うのであろうか。第一は、自社の持つ経営資源、特に財務力や人材に限りがあるので、それをある程度の数のプロジェクトや事業に分けて投入する必要があるからである。一つで失敗しても他で利益を上げれば、リスクを分散できるし、また数多くの顧客との関係を維持するために多くのプロジェクトや事業を手がけることが望ましい。第二は、相互に違うところに強みがあるので、より積極的に組むことで競争力を高めることができる（場合によっては競争を回避する）。ただし、それには相手を信頼でき、意思疎通が可能で、判断や行動の基準をわかり合えるという文化的な関係があることも必要である。

本稿で紹介した三つの例では、企業の側に経営資源の制約があり、それを有効に使うために別の企業と組んでいる。また資金の調達や資源の引き取りと技術力、あるいは相手国への営業力やファイナンス・アレンジ力と事業経営経験といったかたちで、相互に補うところもあった。個別企業に固有の競争力を超え、包含するような、より大きな特性を仏日の企業は有しているようにみえる。

それらは両国の政治経済社会体制、文化、思考、行動様式に根ざしているところが多いと考えられる。以下で列挙してみたい。

[フランス企業の特性]

・文化の多様性への理解が高く、様々な人種の人材を活用する。
・中近東・アフリカ諸国とのつきあいに慣れている。
・政府の産業支援が厚く、製造業は競争力が低下しつつもまだ力がある。
・コンセプトを重視し、理念的、論理的な思考を展開する。
・大きなところを重視し、細部にはあまりこだわらない。
・総じて他国の政府や企業との共存・役割分担に慣れている。
・政府と大企業の距離が近く、国際的プロジェクトは政府の強い支援を受ける。
・官民連携の分野で実績が多く、相手国の制度や政府の関与について理解が深い。
・軍事・航空・原子力・建設を始めとして技術力が高い分野が多い。
・反米的な開発途上国とも関係を築き、国際機関の活用が巧みである。

[日本の企業の特性]

・日本人を中心にした経営を行ってきたが、近年、外国企業などとの提携を増やしている。
・アジアを中心に国際的なビジネスを推進し、営業力が高い。

・世界第三位の経済大国であり、資源の輸入量が極めて大きい。
・次第に韓国などに迫られているが、部品から製品までのモノづくりの力が強い。
・現実性を重視し、システムの細部をつめていくことが得意である。
・問題処理の際に融和を重視し、クレームを訴訟によらず友好裡に解決しようとする。
・省エネルギーの産業構造を有し、電気自動車・再生エネルギーの研究開発に強い。
・金融資産の規模が大きく、近年では対外的な金融力が相対的に高まっている。
・政府が海外インフラ輸出・資源確保の分野への支援を強めている。

フランスの国際性

様々な国を訪問していると、フランス国内にいる以上にフランスの国際性が見えてくる。

資本主義は一般にアングロサクソン系と大陸系（ライン型）とに大別され、フランスはドイツとともに後者の中心を占める。フランスは成文法体系を有し、中央集権の国として行政組織が強く、公的企業を含んだ政府部門は会計・法律なども整備されており、ラテン系の欧州諸国やアジア、アフリカ、中南米などでも制度はフランスを範にしているところが多い。日本でも明治維新の時期に作られた国家運営の基礎となる制度は、大陸欧州、なかでもフランスにならったものが少なくない。

また、フランス語は欧州が世界の中心であった時代の国際共通語であったので、第二次大戦前に設立された国際機関は組織や業務運営もフランス式のところが多い。一昔前はパリにいながら、国連のことはジュネーブ、ＥＣのことはブリュッセル，中央銀行のことはバーゼル、とフランス語で用が足せると言われた。

私自身はブザンソン大学での語学研修やＩＮＳＥＡＤでの授業を様々な国の仲間と一緒に受け、彼らのフランスとの関係や関心を知り、いまでもそれが世界を見るときの基になっているように感じている。また、駐在員として合計五年の間にＯＥＣＤ、世界銀行の欧州本部や財務省で開かれた数多くの国際会議に出席し、国家元首・要人の往来など国際的な報道をフォローし、役所や銀行の人たちと意見交換した。そこで印象に残ったのは、フランスが持つ国際的な情報の深さと広がりであり、世界を知り、人を知り、大胆に動かそうとする指導者や官庁・企業の幹部の存在である。

一九世紀の終わりから世界恐慌までの時期は、第一次グローバライゼーションの時代といわれる。パリがロンドンと並ぶ大きな国際金融センターであり、フランスと欧州の周辺国や海外の植民地との間での取引が活発であった。フランスがロシアやバルカンなどでの鉄道建設事業を進め、クレディ・リヨネはロシアの鉄道の駅ごとに店を開いたと聞く。シャーロック・ホームズの小説にはインドやアフリカの債券を持っているイギリスの中産階級が頻繁に登場するが、フランス国民もロシア国債や鉄道債に大規模な投資をした。しかし帝政ロシアの倒壊により国債はデフォルトとなり、大きな打撃を受けた。多くのフランス人はそれを忘れず、ロシアは九〇年代のはじめに過去の国債保有者に一部の支払いを約束した。フランス人はカントリー・リスクについても敏感である。開発途上国に対する国際的な公的債務救済の場であるパリクラブが一九五〇年代半ばからフランス大蔵省に置かれ、中南米、旧共産圏、アフリカ諸国などの債務問題の解決にＩＭＦとともに当たってきたのもこうした過去の国際金融の歴史が関係していたといえる。フランスはＩＭＦの専務理事にこれまで四人を送り、国際金融の世界での影響力は今でも侮れない。

フランスの大企業や銀行は、いわゆる第三世界や最近では新興国市場に対する関心が強く、積極的にビジネスを展開している。植民地であったアフリカとの関係は相対的に重要性が下がってきているようだが、他方で中東のアブダビに軍事基地を置き、中国・インドなどに大統領が大企業のトップを引き連れて訪問するなど、開発途上国との関係は最近ではよりグローバルに、多角的かつビジネスを重視した関係に移りつつある。こうしたフランスの持つ国際性をフランス企業は自らの内に有し、それを先導しているところも少なくない。日本企業がフランス企業と競争し、協力を進めるにあたっては、またそこで働く者としてはこうした国際性を良く理解しておきたい。

日本とフランスは国として共通性も多く、企業のレベルでも様々の補完性があるので、世界で広範に協力してきたし今後もそうした協力が行われていくであろう。学生や若いビジネスパーソンはフランス側に伍して海外に出て、冒険心や好奇心を持って学び、仕事での経験を深めることが必要になっている。それと同時に相手をよく理解し、協力する精神を養いたいものだ。

コラム・5

アラブ・アフリカに根づく「フランス語の思考方法」

今井正幸

「私とフランスとのつきあいとは何だったのだろう」と自問してみる。回答は自分の来歴をたどってみるしかない。学生の私がフランス人に接したのは一九五〇年代に遡る。初めてフランスで生活したのは政府給費留学生としてパリ大学（ソルボンヌ・パンテオン）博士課程に籍を置いた一九七二年の秋からの一年半だった。その後は学位を取るために留学した一九七五年の冬から博士号を授与された一九七六年五月までと、日本福祉大学在職中にサバティカルで二〇〇〇年八月から一年間を南西部のポウ大学で過ごし、そして退職後の二〇〇七年十二月から約三年間を南仏エクス・アン・プロヴァンスのポール・セザンヌ大学で自由研究員として生活した。上記を見れば研究だけを続けてきたように思われるだろうが、パリ大学留学時はすでに会社員であったし、一九七三～七五年はエンジニアリング会社の駐在員としてアルジェリアに、また一九七八～八一年は政府金融機関のカイロ駐在員としてエジプトを基点にアラブ・アフリカ諸国を飛び回った実業人である。

アルジェリアでの石油コンビナート建設事業では直接的・間接的にフランス企業と交渉を持ったが、それ以上に大変だったのはアルジェリア人との交渉であった。彼らはメンタリティはアラブ人だが小学校からフランス語教育で育てられてきた人々であった。何百人もの日本人が間断なく苦しめられたのは「それは論理的ではない」という彼らの抗弁である。日本人にとっては屁理屈以外の何物でもない理屈が無数に出てくるのだ。事実として論理の食い違いから発生した事例は、コンビナート完成前後から始めた技術指導であろう。日本側のスタッフが本部との協力によって作成した技術指導のテキスト――もちろん仏語訳してある――をこれは論理的でないから使えないと拒否される。3か月の交渉の後、日本側は昼夜兼行してフランス語の論理に従ったテキストにして訓練に着手した。この真剣な対応は相手側の尊敬を勝ち取ったと責任者は言っている。

もちろん彼らはフランス人ではない。だが「言語は思考方法だ」というのもまた真理である。同化政策（assimilation）と称した植民地政策の影響は今なお健在である。フランス語を公用語とする国は四〇か国あると言う。世界の潮流や英国のEU参加もあり、フランスを旅すれば最近ではいたる所で英語で話しかけられる。だが、フランス語圏の途上国では「フランス語の思考方法」はそのままであり、フランス語の重要性は今でも高いと思われる。

ところで、私は個人でフランス企業へのコンサルタント・サービスを試みた時期がある。それまでに日本企業や政府機関の一員として接した時と、その扱いの落差の大きさには愕然としたものである。もちろん日本でも組織対組織と一個人ではその対応に根本的な差があるのは同じであるが、フランス企業は個人のサービスでもそれが有益と判断すれば対等な立場でつきあってくれたのである。どうすればそうなれるかと聞かれても、それは「熱意あるのみ」としか答えられないが。

実業や学究等に経験豊富な日仏双方の交友関係も多くなった。さまざまな書物にも描かれているようにフランス社会にも多くの問題がある。ただ、「あなたはフランスが好きか？」と問われたら、私は躊躇なく「ウイ」と答えるだろう。

第6章 文化大国フランスの底力

6・1 食事に土地を感じるフランス式飲食

福田育弘

市《いち》がつなぐ都市と大地

フランス人の生活で、飲食がとても重要な役割を演じていると実感するのは、市街地に立つ市《いち》、マルシェ・ウヴェール（露天市）の存在だ。

たとえば、地方都市なら、町の広場にかならず市が立つ。そんな市には、近郊の農家をはじめ近在の肉屋や魚屋が露天でスタンドを出す。かつて一年暮らした南仏の古都エクス・アン・プロヴァンスでは、市庁舎横の広場に毎日露天の市が立ち、さらに週に三日はその範囲が隣接する高等裁判所前の広場にまで広がっていた。この際には、食料品だけでなく、食器やテーブルクロス、衣類や古本などをあつかう店も出て、町の住人だけでなく、郊外からも多くの買い物客がやってくる。

さて、市庁舎は町の中心にあるから、まさに町の真ん中に土地の多様な農産物が展示され、その農産物を求めて多くの人が集うことになる。こうした地方都市の市を数多く見てきたが、実はパリ市内にも露天の市があちこちに立っている。

パリ市の公式サイトによると、二〇一二年現在、パリ市内にはこうした常時開かれる露天の市が六九箇所に立っていることがわかる。たとえば、パリの中心地である一区のサン・トノレ地区や証券取引所のある二区にも露天の市がある。さらに、屋根の付いた市、マルシェ・クヴェールもパリに一三箇所あり、観光スポットとして有名な六区のサン・ジェルマン地区や、高級住宅地の一七区のテルヌ地区などに設けられている。おおむね朝の七時から三時までの露天の市と違い、こちらは終日開いていて、夕方も営業しているので、仕事帰りに利用できる。八〇年代にパリに三年暮らした折、私もこれらの市をよく利用した。

これはまさにパリのあちこちに市があるということだ。パリ市の面積は一〇五平方キロメートルで、六二二平方キロメートルの東京二三区のほぼ六分の一、およそ山の手線の内側と同じ広さで、さほど広くはない（二〇一一年の統計）。そこに、露天や屋根付きの市が八二箇所、計算すると約一・三平方キロに一箇所となる。「犬も歩けば棒に当たる」ならぬ、「人も歩けば市に出くわす」という密度である。

このほかにも、色彩豊かな街並みで有名な五区のムフタール、庶民的な感じの十四区のダゲール、あるいは観光地区の六区のビュシーなどの通りには、道の両側に八百屋や肉屋、ワイン屋やチーズ屋がずらっと立ち並ぶ市場街があるし、もちろん日本と同じく、それぞれの町には、各種食料品店があり、スーパーもある。ただし、これらと前述の露天や屋根つきの市が違うのは、パリ在住ではない近郊近在の生産者や商人が、それぞれ季節の土地の産物を大量に毎日パリという都市空間に運びこみ、それらをパリの住人たちが、買い物籠を下げたり、キャリーバッグを引いて買いにくることだ。パリはこうした市によってじかに土地とつながっているのである。

たしかに、フランスでも現代的なライフスタイルが広まるなか、食事の準備や食事自体にかける時間は、平均すれば、明らかにここ何十年かで短くなっている。大学時代、フランス語の研修のため、はじめてパリに二か月ほど滞在した一九七八年には、銀行の昼休みが二時間ほどあり、多くの勤め人や学校に通う小・中学校生は昼にいったん自宅に戻り、そこで家族とともに昼食を食べ、再度出勤や登校をしていた。それが今や銀行は昼休みもなく営業し、他の会社でも昼休みが日本並みに短くなったため、自宅に戻って昼食をとるという習慣は過去のものになってしまった。

しかし、パリに毎年滞在して、どんな街に宿を取っても、歩いて行ける場所に市があり、そこに多くの老若男女が買い物に来ている活気のある光景を目にすると、日本に比べて、フランスの都市に住む人々が、こうした市を通して、確実に都市の周辺の土地と、恵みをもたらす大地と結びついているということを実感させられる。

パリのあちこちに立つ市、それはフランス人が都会に暮らしながら、土地とのつながりを維持し、飲食を通して土地とのつながりを確認する空間なのだ。フランスの飲食文化の奥深さとその背後にある強い思いが、パリに展開する田舎の空間ともいうべき露天の市からは伝わってくる。それは「土地の思想」とでも呼ぶべき身体の深いところに刻まれた文化的な母型といってもいい。フランスの飲食というと、多彩な外食文化が注目されがちだが、その背景にはヨーロッパ随一の農業国であるフランスの普段着の姿があることを忘れてはいけない。

しかも、現在六九の露天の市のうち、三つはビオ食品、つまり有機農産物専門の市なのである。農薬や化学肥料を使わない有機農業は、アメリカに代表される大規模な工業的農業の対極にあるものだ。有機農産物は、大量生産方式で作られる画一的で均質な農産物とは異なり、自然の影響をもろに受け、土地の味を素直に表現する。日本では有機農産物を買う消費者の主な理由は、「安全性」が八七・八％で断トツである（農林水産省、「環境に配慮した農産物」（有機農産物と特別栽培農産物）に関する消費者および流通加工業者の意識・意向、二〇〇七年）。しかし、フランスでは、政府機関アジャンス・ビオが二〇〇三年以来実施している消費者の意識調査によると、ビオ食品を買う理由を複数選ぶ設問で、「健康」「安全性」「環境保護」と競うように、毎年「品質と味」という項目が、つねに他の項目同様、九〇％前後のポイントを獲得している。ちなみに、日本の前述の調査で、「食味や栄養」を挙げた人は二九・四％にとどまっている。つまり、フランス人が有機農産物を買うのは、「安全」で「健康」によく、しかも「美味しいから」なのだ。こんなところにも、農産物とは土地の産物であるという見方が現れている。土地本来の自然な特徴を生かしたのが有機農産物だからだ。

あちこちにビオの専門店が展開するだけでなく、パリでもっともありふれたスーパーの大手「モノプリ」や「フランプリ」にも、乳製品、野菜、肉、チーズ、ワイン、お菓子といったあらゆる棚に自社ブランドも含めたビオ食品が並んでいる。こんなふうにビオが普段着のものになっているのも、美味しいからであり、その背後には「土地の思想」が息づいている。

食事は三品構成が基本

こうした市の立つ日は地区によって異なっているが、かならず立つのは日曜の朝だ。日曜は市がもっとも賑わいを見せる。もともと、ヨーロッパでは昼食が正餐だった。英語のディナーに対応するディネというフランス語は、本来一日のもっとも充実した食事をさす言葉で、一九世紀までは、昼食を意味した。だから、食事場面がよく登場するバルザックやフロベールなどの一九世紀の小説で、本文に「ディネ」と出てきても、おいそれと「夕食」と訳してはいけない。それが一九世紀以降のガスや電気といったテクノロジーの普及によって生活が夜にずれ込むようになると、ディネは次第に夕食をさすようになっていく。

日曜の市で気づくのは、夫婦で買いにくる客の多いことだ。私の知り合いの研究者夫妻でも、夫のほうが料理が得意というカップルがいる。男性が食事にうるさく、うるさいだけでなく食事作りにも関わるのがフランスだ。とりわけ、この傾向は女性が高学歴化して社会進出しだした一九七〇年代以降、顕著になる。働くインテリ女性が、料理にいそしむという行為に伝統的な女性像をイメージし、抵抗を感じるのに対して、男性は素直に美味しいものを食べたいと思い、そのために料理という仕事を喜んで引き受けているのだろう。いずれにしろ、こうして美味しく食べる伝統がジェンダー的役割分担を越えて引き継がれていることは、たのもしい。

市の日曜の賑わいは、平日は仕事に追われてゆっくり家族で食事をする時間がなくても、仕事のない日曜ぐらいは夫婦で新鮮な食材を買いに出かけ、それらで料理を作り、ゆったり食事を楽しむということを示している。その場合、遅めの昼食を時間をかけて楽しむことが多い。日曜はキリスト教の安息日であり、休みの日にかつてのヨーロッパの正餐の伝統が復活するといった感じである。私も日曜の昼に友人宅に呼ばれたことが何度もある。午後一時過ぎから、食前酒、前菜、メイン、チーズ、デザート、コーヒーと食事をしながらおしゃべりを楽しみ、食事が終わると陽が傾いていたということもしばしばだ。ゆったりとした食事は親戚や友人との関係を育む機会ともなるのだ。そして、そうした食事には、時間軸にそって展開するフランス流の食事様式が適している。

日本ではフランス料理というとフルコースだと思われがちだが、フランスでは二〇世紀初頭以降、食事の基本は時間軸にそって出される三品構成である。つまり、前菜（現在ではオードヴルという言い方はすたれアントレといわれる）、メイン、デザート（チーズはデザートの一部）である。日本の一汁三菜とか、一汁二菜と同じだと思えばいい。日本の食事は様式としてご飯とおかずと汁物で構成され、おかずが場合によって一皿だったり、三皿だったり、さらに多かったりする。フランスでは、これと同じように、学食や社員食堂で便宜上一つのプレートに料理が盛られる場合も、前菜とメインとデザートが基本となる。

ところが、近年この三品構成の食事が乱れつつある。フランスで飲食の社会学を学問領域として確立したジャン＝ピエール・プーランは、具体的なデータをもとに、本来、前菜・メイン・デザートという三品構成でとられるはずの昼食と夕食がしばしば前菜やメインを欠いて簡略化し、その一方で朝昼晩という食事の回数が欠食や間食によって多様化しつつある事実を指摘している。三品構成を実行している人は昼食時で五三％、夕食時では三九％にすぎない。昼が夜より高い理由をプーランは細かく分析していないが、上記のように学食や社食での食事では三品がセットになっているからだと思われる。それに反して、夜遅く帰ってとる夕食では、アントレやデザートがカットされがちなのだろう。この簡素化を補うかのように、もともとおやつの習慣のないフランスで、食事と食事の間に何らかの飲食物を摂取するという人も七四・六％に達している。もちろん、理由はプーランが分析するように、労働の強化と職場と居住地間の距離の増加にある。食事をはしょらなければならない厳しい現実があるのだ（ジャン゠ピエール・プーラン『飲食の社会学』、PUF、二〇〇二年）。職場や学校からお昼のために家に帰ることができたのは、今や古き良き時代となってしまった。

しかし、とプーランは事実の裏にある意識に注目する。こうした現実の乱れにもかかわらず、六二％の人々が三品構成の食事こそが本来の食事だと考えており、間食についても八〇・八％にものぼる人が問題だと考えているという。つまり、三品構成の食事への規範意識が強く作用しているのである。現実の乱れも、それが乱れたものであるという意識があるかぎり、ひとつの復元力をもつ。日曜の市の賑わいと、そのあとのゆったりとした食事は、仕事や通勤に時間を取られ日常的に実行できなくなった真っ当な食事を実践し、日頃のゆがんだ食生活を修正して、土地とのつながりを確認する機会として機能しているのではないだろうか。また、フランス人がいいレストランでの接待に弱いのも、こうした機会が仕事の一環としてあたえられる僥倖のためともいえるだろう。

大地を味わうワイン

ところで、こうした「土地の思想」をもっともよく示す農産物がある。ワインである。ノルマンディやピカルディなどの寒く湿気の多い一部の地方を除いて、フランスではほぼ全土でワインができる（今や温暖化も手伝って北の地方でもワインが作られつつあるから、文字通り全土といってもいいかもしれない）。ほとんどすべてのフランス人にワインは土地の産物、土地の味を表現するものとしてイメージされている。それを典型的に表現するのが、二〇世紀前半に活躍し、最後は国葬になるほど人気と支持のあった女性作家コレットの「ワイン」と題されたエセーの次のような文章である。

「ぶどうの木、ワインは大いなる神秘である。植物界において唯一ぶどうの木だけが、大地の本当の味わいがどのようなものであるか、私たちに理解可能なものにしてくれる。表現としてなんと正確なのだろう！」（『牢獄と天国』一九三二年、訳文は筆者による）

この文章に示された感性がどれほどフランス人のワインのイメージの基礎となっているか、それはこの一節が、数多いワイン関連の著作に引用されていることからもわかる。著者のコレットはワインの産地ブルゴーニュの出身であり、子供時代からワインをたしなんだと語っている。しかも、ブルゴーニュこそは、東西数キロ、南北数十キロの丘陵地帯コート・ドールに名だたるワイン村がひしめく高級ワイン産地であり、さらにそれらが畑単位で格付けされている。この畑単位の格付けの頂点にたつのが数十枚ある特級畑で、もっとも有名なものがロマネ・コンティだ。こうした格付けは一九三五年にほぼ現在の形に法制化された原産地呼称制度（ＡＯＣ制度）でも認定されている。畑ごとに格付けされ、それがＡＯＣ（原産地呼称）として登録されていることは、畑ごとの味の違いをフランス人がワインの本質として認めているということにほかならない。

まさに「土地の思想」を体現する事態だが、これをフランス人は「テロワール」という言葉で表現する。「このワインはテロワールの味がする」と。もちろん、土地の土を食べても土地の味がわかるはずもなく、土地の味は農産物を通してしか、私たちにはわからない。だから、これは農産物に土地の特徴が味となって現れるという見方であり、またそうした土地の味が農産物において重視されるということでもある。

そもそも、フランスでは古くから農産物は土地の味をもつべきものとされてきた。「テロワール」という語の歴史を『ロベール・フランス語歴史辞典』で調べると、当初、単に地方を意味したこの語が、一三世紀になって農地について使用されるようになり、やがて一六世紀中葉になると、「土地の味」として特にワインについて用いられるようになったことがわかる。

この語のこのような意味は、北の海、大西洋、地中海と三つの海をもち、アルプス、ピレネー、中央山塊とこれまた異なる三つの山系を擁し、そこからロワールやローヌという大河が流れて丘陵を形作り平野を潤す、フランスという国土の多様性から生まれた豊富な農産物を背景に形作られてきたものだ。しかしその一方で、この感性によってより土地の多様性が感じられるよう、人々が環境である自然に働きかけてきたことも忘れてはならない。ぶどう品種の開発、土地の改良、排水設備の設置など、こうした人間の働きかけをあげればきりがない。つまり、しばしばすべてが自然条件に帰される「テロワール」とは、自然に基礎をもちながらも、そのような観念によって自然環境に働きかけ、自然環境が「テロワール」を生むように改変しつつ、さらにそのことによって、自然条件にこそ「テロワール」の根拠があるという思いを増幅するように形作られてきた、ひとつの強力な社会的表象なのだ。フランスワインのテロワールが歴史的に構築されてきたものであることは、ワインの歴史の決定版ともいうべき大著（福田育弘・三宅京子・小倉博行訳『フランスワイン文化史全書』、国書刊行会、二〇〇一年、原書は一九五九年）で、歴史地理学ロジェ・ディオンがつとにつまびらかにしたことであった。

この点、テロワール的な見方は日本人の季節感への思いと似ている。たしかに、日本には四季があるが、その四季の移ろいを、『古今集』以来、季節感という感性として重視し、季節感を感じられるよう、各地に桜並木をしつらえ、京都の嵐山のような都市郊外の丘陵に紅葉する樹木を植林するなどして、自然環境を季節感という感性に合わせて改変してきたからだ。フランス人にとってのテロワールとは、この日本人の季節感と同じほど強く、同じように自然に感じられる見方なのだ。だから、日本人が懐石料理からコンビニ弁当までなにかにつけて季節感を重視し、季節感を求めるように、フランス人は飲食においてテロワールを重視し、テロワールの味わいを求めるのである。

飲食で空間の特性を評価するフランスに対して、時間の表現をあくまで尊重する日本。この対比はそれ自体二つの文化の歴史性を示して興味深いが、ともに自然に感じられるよう、さらにいえば、そうした自然らしさを強化するよう、自然をも改変させた感性であるだけに、この感性はたとえ意識されたとしても、私たちの行動を強く規制し、私たちの判断を大きく左右しつづけるだろう。

ただ、これら二つの感性の作用の仕方には微妙だが決定的に異なる点もある。日本人はマンションのベランダに草花を置き、食事に季節感を求めつつも、飲食物そのものはスーパーやコンビニ、デパ地下や総菜店で求めることが増えている。一方、フランス人は飲食物の土地との結びつきを重視し、機会があれば土地の産物を求めようとする。いや、それどころか、ほぼ日常的に土地の産物としてのワインを消費さえしている。そして、そんなフランス人の飲食物を通した土地への思いがいまだに強く、社会において健全に機能していることを教えてくれるのが、都市に立つ市の賑わいなのだ。

6・2　文化の国フランスの流儀

小松祐子

フランスといえば「文化」の国という評価が世界的に定着している。フランスの文化予算は国家財政の一%を占め、日本では同じ数字が〇・一%にすぎないという話は、国家としてフランスがいかに文化を重視しているかを示す例として、しばしば取り上げられるところである。ちなみにこのフランスの一%とは文化省のみの予算であり、このほかに他の中央省庁や地方自治体の文化関係予算を加えると全体の規模はさらに拡がる。この国では文化が国家の重要な要素と位置付けられており、文化国家たらんとする強力なイニシアティブが働いている。ここでは文化の国フランスの姿を過去から現在にわたり概観してみたい。

フランス文化の推進者たち

フランスでは国王をはじめ時の権力者が文化の庇護者の役割を果たし、国の文化が推進されてきた伝統がある。一六世紀のフランソワ一世からはじめよう。当時イタリアに比べ文化の遅れたフランスへ、レオナルド・ダ・ヴィンチをはじめ多くの芸術家を呼び寄せ、華やかなルネサンス文化をもたらした国王である。また、ヴィリエ＝コトレの勅令によって、それまで用いられたラテン語にかわり公文書作成にフランス語を使用することを定め（つまり事実上フランス語を公用語化し）、フランス語の発展の端緒を開いた人物でもある。その後フランス語は、貴族のサロン文化やアカデミーフランセーズの創設を通じて整備洗練され、フランス文化の基礎となった。ルイ一四世は絶対君主として絶大な権力を誇り、その力は文化の繁栄をもたらした。バレエを愛し自ら実践したルイ一四世の業績には、なにより今日も世界中の羨望を集めるヴェルサイユ宮殿がある。ナポレオン三世は、オスマン男爵に大規模なパリ改造計画を実行させ、オペラ・ガルニエをはじめとした現在の「花の都」の景観のもとを作った。二〇世紀には、文人大統領として知られるポンピドゥー大統領が現代美術の擁護者としてポンピドゥー国立芸術文化センターにその名を残し、ミッテラン大統領もグランプロジェによってパリに多くのモニュメントを残した。ルーブルのピラミッド、新凱旋門、新オペラ座、新国立図書館（フランソワ・ミッテラン図書館）などがそうである。

二〇世紀後半には文化を担当する省と大臣職が設けられ国の文化政策を担った。とくに重要な人物として二人の文化大臣の名が挙げられる。アンドレ・マルローとジャック・ラングである。シャルル・ド・ゴール大統領は一九五九年、フランスが文化大国であることを世界中に印象付けることを目的として、他国に先駆け「文化問題省」を設立した。初代大臣に着任したのは、ゴンクール賞受賞作家であり、芸術論などの著作で知られる文化人マルローだった。彼の文化政策の理想は「万人のための文化」であり、国民全体がフランスのすぐれた文化芸術を享受することを目指し、全国各地に演劇、音楽、映画、展覧会、講演などあらゆる文化活動を実施するための施設「文化会館」

を開設することを計画した。しかし彼のもとで完成した文化会館は八か所にとどまった。予算にめぐまれなかったこともあるが、大衆の支持が得られなかったのである。彼の言う文化とはいわゆる高級文化に限られており、エリート主義的文化の上からの押し付けと受け取られた。しかしマルローの業績は、フランス共和国憲法前文にうたわれる「文化への権利」という概念を行動に移したという点で意義深いものであり、その後の文化政策に大きな影響を与えることとなった。また彼の在任中に行われたモナリザやミロのヴィーナスの国外貸し出しは、文化国家フランスを広く世界に印象付けることに成功した。

「文化の民主化」という理想と現実のあいだで苦しんだマルローに対し、ジャック・ラングは文化そのものの概念を拡大し、真の民主化に貢献したと言えるだろう。一九八一年、社会党政権の若き文化大臣となった彼のもとで、フランスの文化予算は二倍に増加し、各地に多くの文化団体が新設され、文化関係ポストが増設された。マルローのはじめた「文化会館」も六〇か所にまで増えることとなった。社会党による地方分権化政策の進められた好機と重なったという背景もある。が、とりわけ彼の文化政策の成功は、マルローとは対照的に、大衆文化を含めた多様な創造活動を支援対象としたところにあった。ポップミュージックから漫画、写真、料理、サーカスにいたるまでその支援の対象は拡大し、増額された予算を用いてさまざまなイベントが開催された。六月二一日の「音楽祭」、九月の「文化遺産の日」など現在も続く人気の催しの創始者はラングであり、これらの取り組みはその後他国にも広がっている。ラングは文化概念を拡大し、地方の文化力を高め、移民文化までをも取り入れてフランス文化の総合的な活性化に努め、国民の支持を得たのだった。

このようにフランスはその充実した文化政策により世界にモデルを提供してきた。むろん多数の芸術家、文化人、知識人のすぐれた活動があってこそのフランス文化である。またフランスが外国文化や外国人の業績を取り入れることに長けていることも指摘すべきであろう。いずれにしても国が助成制度や活躍の場を提供することにより、文化活動が促進されていることは疑いのない事実である。そのあり方に対しては一部知識人らによる批判も見られるものの、今日では文化コミュニケーション省と名を変えた中央省庁が強力な文化政策を推し進めている（フランスでは伝統的に文化大臣が内閣の中核メンバーをなす。一方日本では防衛庁、環境庁が省に格上げされる一方、文化庁にその気配はない）。そしてそれを支える国民のコンセンサスがあることも忘れてはならない。

グローバル化のなかでのフランス文化

グローバル化が進展するなかで、フランスの対外的な立ち位置が大きく変わってきたことに注目する必要がある。二〇世紀から二一世紀への移行期に、フランスは普遍文明の国から文化多様性擁護の国へと大いなる変貌を遂げたのである。経緯を説明しよう。

革命以降のフランスは、人権という普遍的価値を擁護する文明の国、自由・平等・博愛の国として世界にその価値をもたらすことを善としてきた。第三共和政のもとで進められた帝国主義政策においても、フランスの普遍文明や文化的価値を各地にもたらすことを植民地化の大義名分としていた。しかし二〇世紀後半、経済力を背景にしたアメリカ主導によるグローバル化の進展が明らかになってくると、フランスはかつての自らの文化帝国主義を放棄し、文化多様性の提唱者となるのである。

その象徴的な転換点となったのが、一九九三年のGATTウルグアイラウンドにおける「文化的例外」の主張であった。日本がコメ市場自由化の要求に怯えたこの貿易交渉の場で、フランスの保護したい対象は映画をはじめとするメディアコンテンツ産業だった。フランスは自国の映画産業の保護育成のために多額の補助金を投じているという実情がある。アメリカがこの分野についても自由貿易を求めたのに対し、フランスは文化産業を「例外」として貿易自由化の対象から外すことを強く主張し、交渉の席を立ったのだった。こうしてフランスは、アメリカの文化的侵略に抵抗し、自国の文化的アイデンティティを守り、文化の多様性の保護を訴えるという立場に身をおくこととなった。

その後のフランスはユネスコに場を移してこの主張を発展させ、二〇〇一年の「文化多様性に関する世界宣言」、さらに二〇〇五年の「文化多様性条約（文化的表現の多様性の保護と促進に関する条約）」の採択にあたりその立役者となったのである。この条約は、文化活動や文化産業は通常の商品と同様に扱われるべきではないと規定し、各国の文化保護育成政策の権利を認めるものである。これは、グローバル化のなかで独自の文化的アイデンティティの存続に危機感をもつ途上国からの熱烈な支持を受けた。フランスはこうして、文化多様性や文化的アイデンティティの尊重という新しい価値モデルを提示することにより、世界の文化的リーダーとしての地位を維持しようとしている。

グローバル化に対抗するフランスの自国文化保護の例としては、一九八六年の放送法で規定されたテレビ・ラジオにおけるクォータ制度（放送作品の六〇%が欧州製、四〇%はフランス製でなければならない）や、一九九四年の通称トゥーボン法と呼ばれる「フランス語の使用に関する法律」（広告、契約書、製品使用説明書などでのフランス語の使用を義務付ける）がよく知られている。最近日本国内を騒がせている社内英語公用語化などは、フランスではトゥーボン法により禁止されるわけである。

「自国の文化を守る」と言うときわめて正論のように思われるが、フランスの場合には国内的矛盾をはらんでいることが指摘される。フランス国内に抱えるマイノリティ文化への配慮がそこには欠けている。トゥーボン法にしても、英語の脅威からフランス語を守るうえでは有効かもしれないが、国内に存在する地域語もまた排除されてしまうのである。また対外的には文化多様性の擁護を訴えるフランスが、国内では共和国統合の理念のもとに、個別の文化的差異を認めることができないという問題もある。イスラムのスカーフ着用問題がその顕著な例である。

情報化のなかでのフランス文化

グローバル化とならび近年のもう一つの重要課題は急速な情報化であるが、この課題に「文化の国」フランスはどう対処しているだろうか。情報通信分野においてフランスは歴史的には先進的な立場を誇ってきた。インターネットの普及より一〇年以上も早く、他国に先駆け電話回線をデジタル化し、ミニテルという電話回線を使った双方向通信網を普及させた実績をもつ。しかし、ミニテルへの投資が災いし、他の先進諸国に比べコンピュータやインターネットの普及に大幅な遅れを取ることになった。そこで一九九〇年代後半以降、フランスでは政府による国家の威信をかけた情報化政策が展開されてきた。一九九八年からは「情報化社会のための政府行動計画」、二〇〇二年からは「二〇〇七情報社会における電子共和国を目指して」、二〇〇八年からは「デジタルフランス二〇一二」という一連の国家計画が実施され、フランスを強力なデジタル国家へと導こうとしている。

フランスの情報化の流れを見ると、国家による牽引力の強さが特徴として際立っている。民間主導の日本とは対照的である。国民への社会的インフラ提供として、情報アクセス環境の整備に努め、デジタルディバイスへの配慮が厚いのも特徴である。学校教育における情報教育を徹底し、地下鉄の駅や郵便局など人々の出入りのしやすい場所に無料アクセス端末を設けるなどの施策を行ってきた。最近ではパリの公園など公共空間で無料の Wi-fi 接続サービスが提供されている。

文化大国を自負するフランスは、情報社会においてもその評判を維持するため、国家がエネルギーと予算を費やしている。インターネットをフランス文化の伝播を促進するものと捉え、文化遺産のデジタル化を優先課題に掲げている。最近では Google の書籍デジタル化事業に対し、サルコジ前大統領が「一私企業によりフランスの文化遺産が奪われる」懸念を表明し、文化遺産のデジタル化事業に対し約七億五〇〇〇万ユーロの予算措置を行うことを表明した（二〇〇九年一二月）という経緯もある。

この文化遺産のデジタル化について、その秀逸な例として、フランス国立図書館 BnF とフランス国立視聴覚研究所ＩＮＡのデジタルアーカイブを挙げることができる。BnF は所蔵文献・資料のデジタル化を進めており、一九九七年からはインターネット図書館Gallica上で、一五〇〇万点以上（二〇一一年現在）のデジタル資料を公開している。二〇一〇年のアクセス数は七四〇〇万件を超えた。欧州デジタル図書館Europeanaおよびフランス語圏デジタル図書館RFBNNとの連携を深めている点も特筆に値する。一方、INAは世界最大規模の放送番組電子アーカイブを実現している。一九九二年以降、法定納品制度に基づき、フランス国内すべてのテレビ・ラジオ番組を収集保存している。また過去のアナログ資料のデジタル化事業も二〇一五年完了を目指し進められている。二〇〇六年からは、その膨大なデジタルアーカイブの一部（約一〇万本、一万時間におよぶ放送作品）を、多くは無料でインターネットサイトIna.frで一般公開し、世界の反響を呼んだ。なお日本では放送番組の組織的な収集制度は存在せず、NHKアーカイブスがようやく世間に認知され始めているが、その規模は比較すべくもない。

さらにウェブアーカイブについても、フランスはデジタル情報社会に見事に対応している。二〇〇六年から「情報社会における著作権及び著作権隣接権に関する法律」によりインターネット情報資源も法定納本の対象とすることが規定された。これに基づき、.frドメインのウェブサイトを優先し、BnFとINAが自動的にロボットによる収集を進めている。このウェブアーカイブはBnF館内で主に研究者向けに公開されている。

これらのデジタルアーカイブの例では、納品義務法が作品の収集保存システムを可能にする法的枠組みとして機能し、フランスを他国に先んじる発展に導いている。ちなみに法定納品制度そのものもその起源はフランスにあり、一五三七年にフランソワ一世が、あらゆる図書はまず王城の図書室に一冊献上したうえでなければ販売してはならないとした「モンペリエの勅令」に始まったものである。

最後に、情報化の進むなかで、フランス政府はまた新たな文化遺産の創出、つまりソフトウェアやマルチメディアコンテンツ産業の育成を奨励するための施策にも力を入れ、多額の助成金をこの分野に充てていることを指摘しておこう。さらにフランスは、情報通信技術の普及するなかで大切な文化資源であるフランス語を守るため、コンピュータ・インターネット関連用語のフランス語化を推進し、インターネット多言語化のために国際標準化機構へ働きかけを行うなどの取組みにも努めている。

以上、文化大国といわれるフランスの文化政策や今日的課題のなかでの対応を見てきた。グローバル化や情報化の進む今日、フランスは文化大国として世界をリードする実践例を示している。ＩＮＡなどの試みは、たしかにフランスという国家の威信を内外に誇示する卓越した文化事業となった。その背景には、国が強力なイニシアティブを発揮し、助成制度や法的枠組みを整えて文化活動を後押しし、巧みに国内外へのアピールを行っているということがある。いわゆるソフトパワーの威力を強く認識しているからである。振り返るに我が日本も、豊かな文化的伝統を持ち、国民の教育レベルが高く、活力あふれる文化活動が営まれているという点では決してフランスに引けを取るものではない。フランス人の日本文化への評価や関心も高い。しかし国家による牽引、発信力という面においては、日本がフランスから学ぶべきところは多いように思われる。

6・3　舞踊を通した日仏文化交流

岡見さえ

クラシック・バレエからコンテンポラリーまで、日本では多くのフランスのダンス公演が行われ、大勢のファンを集めている。では、フランスで日本のダンスはどのように受容されているのだろう？実はわれわれが想像する以上に、日本生まれのダンスはフランスで多くの観客を獲得し、振付家を刺激し、ダンスの伝統を革新する原動力となっている。

BUTO（舞踏）の衝撃

欧米で高い人気を誇る日本生まれのダンス、それは何をさておき「舞踏《ぶとう》」である。舞踏とは一九五九年の土方巽の『金色』上演を機に、土方と大野一雄を中心に生まれた暗黒舞踏派を核に発展し、当時の主流のモダンダンスやバレエに背を向け、近代化の過程で隠蔽され葬り去られた日本的な身体性を、暴力や性、病の表現も厭わず舞台に出現させた。「舞踏とは命がけで突っ立つ死体である」という有名な土方の言のように、舞踏は身体を空虚な器ととらえ、踊りによって実存の背後にあるものにつかのま形を与えることを目指した。踊り手は厳しい精神的・身体的修練を要求され、土方に学んだ田中泯、笠井叡、麿赤児らは、後に舞踏を独自に発展させていく。

初めて舞踏が欧米に紹介されたのは一九七八年、パリで開催された『間—日本の時空間展』だった。磯崎新と武満徹が企画を担当し、日本固有の「間」の概念を鍵に音楽、舞踊、演劇、美術など多岐にわたる日本文化の伝統と前衛を紹介して大きな話題となった。中でも、舞踏は特設の能舞台で芦川が踊った土方巽の『闇の舞姫十二態』が連日満員、一糸まとわぬ姿で緊張を漲らせ踊る田中泯の即興にバルト、フーコー、カイヨワら当代の知識人が詰め掛けるという盛況ぶりだった。

この成功を受け、八〇年代に入ると舞踏のフランス進出が始まる。天児牛大は、麿赤児と設立した大駱駝艦を辞して七五年に山海塾を結成、八〇年にフランスで初公演を行う。剃髪し全身を白塗りにした男性舞踏手たちが、山水画を思わせる簡素で洗練された空間で踊る抽象的かつ神秘的な作品はフランス人を瞬く間に魅了し、八二年から山海塾は現代ダンスの牙城・パリ市立劇場と共同制作で約二年に一度の新作を発表し続けている。一流の水準を要求し、さらに移り気なこの劇場の観客をこれほど長い間満足させているカンパニーは世界でも稀である。

コンテンポラリーダンスの革命

舞踊がフランスに根付き始めた八〇年代初頭、フランスのダンス界に新たな傾向が現れた。ヌーヴェルダンスである。六〇年代のニューヨークでモダンダンスの情動性を批判したポスト・モダンダンスが誕生、飛ぶ、手を振るなど日常的な動きの反復によって、動きから感情を排除し、動きの純粋性を追求した。ヌーヴェルダンスはこれに対抗して物語性を導入し、美術、映像、モードなど異ジャンルを取り入れ、ダンスを袋小路から開放した。ダンスの地平は拡大し、世界各地で自由なダンスが作られ、やがてそれらはコンテンポラリーダンスと呼ばれるようになる。

八〇年代後半、かつてない好況に沸いた日本は、この最先端のダンスを積極的に紹介した。振付家たちは来日公演と同時にワークショップを開き、日本人ダンサーと交流した。同じころ、フランスで日本のポスト舞踏世代の快進撃が始まる。一九八六年、勅使川原三郎が新人振付家の登竜門・バニョレ国際振付コンクールで受賞。洗練された空間構成と音楽性、超人的に速くしなやかなダンスで他を圧する勅使川原は、コンテンポラリーダンスに留まらず、バレエの殿堂パリ・オペラ座バレエ団の委嘱作品の創作（『AIR』二〇〇三年）、オペラの演出など現在もめざましい活躍を続けている。一九八四年に京都で結成されたダムタイプは、主宰者も固定メンバーも持たず、映像、音楽、パフォーマンス、デザイン、建築など複数分野のアーティストが作品ごとに集まって制作する斬新な手法で氾濫する情報に漂うメディア化された身体を表現して、九〇年代にフランスを席巻した。高度な空間構成、電子音楽、歴史と断絶した身体を高い日本の技術力とともに提示する新世代のダンスは、フランス人に衝撃とともに迎えられた。

二〇〇〇年代に入ると、日仏共同制作が盛んになる。アルベール・ヴィル冬季五輪（一九九二年）の幻想的な開・閉会式を監督し一躍人気者となったフィリップ・ドゥクフレは、二〇〇三年に山口市文化振興財団、神奈川芸術文化財団、国際交流基金と共同で「Iris」を、〇六年には同年のアヴィニョン演劇祭のアソシエイト・アーティスト（その年の演劇祭の芸術的方向性を決定する）のジョセフ・ナジが世田谷パブリックシアターと「遊―ASOBU」を制作。両国のダンサーを起用し、複数の差異が響き合い、万華鏡のように神秘的な像を結ぶ美しく夢のような舞台を作り上げた。

最先端のダンス・シーンでも、日仏の交流は興味深い作品を生んでいる。二〇一一年のアヴィニョン演劇祭のアソシエイト・アーティスト、ボリス・シャルマッツは、パリ・オペラ座付属学校でバレエを学んだ後にコンテンポラリーダンスに転じた異色の経歴を持ち、ダンスの存在自体をラジカルに問い直す前衛的な活動で注目の振付家だが、彼の『La Danseuse malade』(〇八年)は、その名の通りダンス史の歴史的アヴァンギャルド、土方巽の著書『病める舞姫』から生まれた。

バレエ界でも、日本とフランスは互いの文化への敬意により結ばれている。二〇一〇年にパリ・オペラ座のレパートリー入りしたネオ・クラシックバレエの巨匠イリ・キリアン作『KAGUYAHIME』(一九八八年)は、雅楽と和太鼓にのせ繰り広げられる象徴化されたかぐや姫のバレエだ。六〇年代に電子音楽でジーンズ姿のダンサーを踊らせバレエを革新したモーリス・ベジャールは、敬愛する三島由紀夫の生と作品を詩的に紡いだ『M』、日本古来の儀式と現代文化をつなぐ夢幻的な『舞楽』、仮名手本忠臣蔵のバレエ『ザ・カブキ』を東京バレエ団のために創作した。

このように、舞踊を通した日仏の交流は表層に留まらない深いものだ。八〇年代以降実現した現実の日本との邂逅と対話は、フランスのアーティストたちを日本文化にまつわる誠実な思索へ導き、彼らはこの異郷と、それが鏡のように映し出す己の像との間を行き交い、豊かな創造へと向かったのである。これからも異なる文化、異なる身体性を持つ二つの国の刺激的な交流は、舞踊の新時代を拓く作品を生み出していくに違いない。

コラム・6

都市・建物に見るフランスの技術と文化

宮原英男

筆者は、一九八三年六月から二年半フランスに居住する機会を得た。最初の三ヶ月間は、毎日パリ一六区にある語学学校に通った。学校が終了する頃には、季節もすっかり秋となり、晴れる日が減って行き、どんよりとした曇りの日が増えていった。ちょうどその頃、パリの街並みから、圧迫感を感じるようになった。特に細い道を歩く時、石造の重厚な建物に左右両側を取り囲まれ、ただでさえ暗い曇った空が少ししか見えず、言いようのない寂寥感を感じた。作家の遠藤周作がリヨンに留学した時に、同じような感想を表明しているが、街並みだけでなく、その時の個人の精神状態にも大いに起因すると思われた。日本の木と紙から作られる、開放的な伝統建築と比較すると、彼我の差異を大きく意識させられた。

フランス人個人々の生活の仕方や行動様式は多種多様であり、個性的であるのに対し、パリの街並みや家並みは、建物の様式・高さが統一され、建物が隙間なく連続して（棟と棟を接して）建てられており、整然とした美しさを見せている。これは、他の欧州の諸都市でも見られ、多くは、中世以来の石造建築である。とは言え、このような美しい街並みも、一朝一夕で得られたものではない。百年先を見据えた確固とした先進的な都市計画、弛まぬ努力、国民の支持などが相俟って形作られて来たものである。筆者が暮らし始めた頃にも、それ以前に建物の燃料として使っていた石炭の煙の影響で、建物ファサードが黒く煤けているものが多かったが、これらも徐々に洗浄が進み、美しさを取り戻していった。建物の高さやファサードが統一感を持つようにするための各種規制、建物の取り壊しの制限や改築・改修に対する各種規制等により、街並みが守られている。

新しい機能的な建物が欲しい場合でも、人々は高い代償を払い、古くなった建物のファサードを保存しながら、建物の中味を全面的に改築したりする。日本のように、スクラップ・アンド・ビルドするよりも、建築費は大幅に高くなるのにである。美しい街並みを構成する、多くの建物は、百五〇年以上前のものである。したがって、建設当初には、電気・ガス等もなく、そのようなインフラが建物の中に導入されていなかった。当然エレベータもない。その後、都市インフラの整備と共に、建物内にも各種電気・機械設備を導入したくなるわけであるが、建設当初の建物の制約により、実現できない場合も出てくる。今でも、エレベータのない建物も多く残っている。また、美的な建物を保存するために、便利な設備の導入をあきらめる場合もあるだろう。

もう一つ、パリの街・欧州の街を特徴づけるのが、石畳である。ローマ時代以来の伝統的道路建設法であり、アーチ状等に美的に敷設されているところも多い。建物と一体になり、天然の建設材料を利用した、エコな街作りであると言えよう。ただし、特にハイヒールを履いた女性や、自動車にとっては、大変厳しい歩行・走行面である。表面の段差は避け難く、平坦さは望むべくもない。何度躓きそうになったことだろうか。不便ではあるが、見慣れると、これも大変美しく、変え難いものと思われるから不思議である。

フランスや欧州の国では、都市や街並みを美しく保つために、不便さを我慢しながら、並々ならぬ努力をしていることがわかる。文化を継承するということは、そういうことであろう。

おわりに
これからの日仏交流に向けて

おわりに・1　「複言語主義」的教養としてのフランス語

立花英裕

　フランス語とは一種の秘密兵器のようなものだと、常々、考えている。もちろん、毎日の生活や仕事にフランス語が直接に威力を発揮することはいくらでもある。しかし、直接に役に立たないように見えても、フランス語を通して得た知識や体験がその人の懐の深さになって、斬新な発想や独自の視野を与えることがある。フランス語は、思いがけない時に思いがけない助けを差し出してくれる。

　本書に登場したパリクラブの人たちは、一言で言えば、「複言語主義」(plurilinguisme) を実践してきた人たちである。複数の言語を用いて人生を切り拓いてきた体験、それをめぐる考察が熱い言葉で綴られているのを読んでいると、複数の言語を学び用いることが、単に語学ができるなどというレベルにおいてだけでなく、事業を展開するにあたっての発想や方法に深く結びついているのが感じられる。外国語は表立った道具としてだけでなく、目立たないところで貴重な情報収集手段になり、また、とりわけ事業の進め方や考え方に、いわば暗黙知として生かされているのである。

多様性と複言語主義

「複言語主義」という、あまり聞き慣れない言葉を使ってしまったが、簡単に説明しておこう。実は、欧州連合（以下ＥＵ）の言語政策の根幹にあるのが複言語主義である。この考え方は、それに伴う外国語学習評価のための「ヨーロッパ共通参照枠」とともに、ＥＵにとどまらず、世界の外国語教育関係者において盛んに研究され議論されている。私から見れば、パリクラブの会員たちは、知らずして複言語主義を、しかも、そんな言葉が言語教育界で大いに話題になる遥か以前から身をもって実践してきている人たちなのである。

ＥＵでは、公用語として二三言語が制定されており、法令や重要な公文書は二三言語で作成されなければならないことになっている。そこには、ＥＵ内の言語はすべて平等に扱わなければならないという思想がある。たとえば、もし英語が唯一の公用語になり、すべてにおいて英語しか用いられないとしたら、交渉や討論その他において、英語を母語とする人々が優位に立つことは否めない。ＥＵでは、できるだけ多くの言語の話者が可能な限り平等な立場に立てるように、これだけ多くの言語が公用語とされ、そのための通訳・文書作成に必要な費用が予算に計上されている。

多言語主義（multilinguisme）という言葉は比較的よく耳にするが、複言語主義とはまた別の概念である。多言語主義というのは、ある国や地域で複数の言語が共存している状態を指し、あるいは大学のカリキュラムで複数の外国語講座を設置するようなことを指す。それに対して、複言語主義は、個人における言語の学習や使用の問題である。簡単に言えば、ある個人が複数の言語を話している状態であり、同時にまた、複数の言語の知識や体験を積極的に評価する思想でもある。従来の多言語主義においては、一社会内に併存する複数の言語は相互の関連もなく個別的に存在するかのようにとらえられていた。言語教育でも、複数の外国語間の関係は視野に入っていなかった。しかし、複言語主義では、個人が複数の言語を体験するとき、それらの言語はいわば相互に絡み合い影響を与えあうのであり、その人の存在のあり方・生活・世界観に作用しないではおかないと考える。複言語主義による教育は、したがって、異種の言語の共存に触発される精神の働きに自覚的になるように促す。たとえば、同じ言語内においても、標準語だけでなく、方言や、社会環境の違いによる言語の相違に注意を払うようにし、さらには、複文化的なコンテクストの中で私たちが生活していることを意識化させる。複文化的なコンテクストとは、たとえば、同じ文化内でも職場と家庭のような異なった生活領域では言葉づかいが違ってくるし、世代が異なれば文化も言語も変化するわけだが、そのような言語活動を取り巻く複合的状況のことである。さらに言えば、移民の集団が同じ街にいれば、そこでも複文化的なコンテクストが出現するわけで、その中で複言語的教養をもった人ならば、単一言語的教養の人とは違った対応をするだろうと期待されるのである。ＥＵでは、複言語主義がＥＵの統合を促進し、領域内の民主主義を強化すると考えられている。

このように複言語主義は狭い意味での言語学習にとどまらない射程をもっている。ＥＵの民族的・文化的多様性を富としてとらえ、他者を頭の中だけでなく、現実の生活の中で体験・理解することが要請されているのである。二〇一一年から一二年にかけてＥＵは大変な経済危機に瀕したが、欧州統合に向けての困難な道程の一局面ととらえられるだろう。今後、言語政策にもなんらかの影響が出てくることは充分に考えられる。

いずれにしても、このような視野に立った複言語主義的言語学習においては、習得の目標は必ずしもネイティヴの水準に置かれない。従来の教育観では、暗黙の内に発音でも構文でも理想的なネイティヴのように実現できることが究極の目標だったし、実践的なやり取りがある程度できなければ「使い物にならない」とされ、学習の意味がないかのように切り捨てられてきた。しかし、複数の言語の学習が、その人の存在のあり方や世界観を変える力をもっているとするなら、言語的教養は公的な場での使用にだけ意味があるわけではなく、テストでは測れないような広範で重層的な次元をもっているのである。私がフランス語秘密兵器論を唱えるのも、そのような言語学習のもつ深い意味を意識してのことである。

ただし、このような複言語主義的教養は、従来の教養のイメージの中でとらえるべきではない。日本の大学における教養は、長い間、近代国家を建設するにあたって西洋諸国を模範と見なして、学びとろうとするものであって、高踏的でかつ受動的な性格を強くもっていた。しかし、グローバル化の世界の中で自律的な存在となるには、これまでとは異なった言語教養が求められるのである。

多様性としてのフランス語

しかしながら、繰り返すことになるが、フランス語はいまでも大いに直接的に役に立つ言語でもある。フランス語のそのような面についてもここで概観しておこう。

フランコフォニー国際機構（ＯＩＦ。フランス語圏の諸国を中心とした国際組織で、現在、五六の国と地域、および一九のオブザーバーによって構成されている）の調査によれば、世界には二億二千万人のフランス語話者がいる（フランス語を話す人をフランコフォンと言う。また、フランス語を話す人々の集団や地域はフランコフォニーと呼ぶ）。フランス国内における話者は約七千万人なので、残りの一億五千万人がそれ以外の国々や地域に広がっていることになる。世界中どこにでもフランス語学習者がいるわけで、だから、フランス語学校がない国はないと言っていいほど、どこの国にもフランス語学校がある。あまり知られていないが、イスラエルにはフランス語話者は一五〇万人もいる。海外旅行をすると、思いがけないところでフランス語を話す人に出会い、急に親しくなる。フランス語を話す人なら誰でも経験することではないだろうか。あるフランス語圏の国の駐日大使によれば、国際会議でフランス語圏の外交官が集まっても、その中に一人でもフランス語が話せない人がいれば、英語を使うそうである。つまり、実際にはフランス語が多数派のときでも、フランス語を解さない人のために譲ってあげるのが実情なのだが、しかし、舞台裏ではフランス語で情報を集めたり、交流を深めたりする機会が少なくないのである。このような時、フランス語は一種の秘密兵器であると、言ってみたい気持になる。

情報は、どうしてもそれを伝達する言語圏に属する話者の見方を反映するものである。それはいたしかたないことだろう。それだけに英語文化圏以外からの情報は、物の見方を相対化する上で貴重である。フランス系の通信社にはフランス通信社ＡＦＰがある。英語圏のロイターやＡＰほどではないが、それらに次ぐ世界屈指の通信社である。日刊紙『ル・モンド』や週刊誌『ヌーヴェル・オプセルバトゥール』の質の高さも特筆に値する。その他、私が日頃接しているメディアを挙げてみると、テレビのＴＶ５モンドやＲＦＩ（ラジオ・フランス・アンテルナショナル）がある。ＴＶ

5モンドは、フランスだけでなく、スイスやベルギー、ケベックなどのテレビ局が共同でネットワークを形成している国際テレビで、有料だが、日本でもネット上、あるいはケーブル・テレビで視聴できる。日本語字幕がついている番組も多く、サイトも用意されていて楽しくて且つ役に立つ情報源である。ラジオのＲＦＩを愛聴している理由は、フランスの外、とくにアフリカや北アメリカからの情報が豊富だからである。様々な地域の音楽や作家たちの声に接することができる文化・芸術関係の番組が楽しめるし、三〇分毎にニュースが流れるので、どこかの国（特にアフリカ）で政変や民衆運動がおこると、すぐに報道され、その地域の人々の声を届けてくれる。フランス語による情報は、日本には必ずしも届かない情報や、ものの見方、現地の人々の受け止め方などを伝えてくれる。フランス語はまさに世界の多様性を伝える道具なのである。

何かを「特殊」ととらえるのか、それとも「多様性の一局面」ととらえるのかでは、ものの見方が全く違ってくる。たとえば、フランスは「特殊」であると言われることがあるが、その場合、誰から見て「特殊」なのかを立ち止まって考えてみなくてはならない。もしそれがアメリカ合衆国とは違うという意味なら、特殊というよりは、相違があるということである。そもそもアメリカ合衆国にも「特殊」なものはいくらでもある。早い話が、メートル法はフランスで生まれた世界標準であり、そこから見ればアングロサクソン諸国の方が「特殊」だということになる。「特殊」という言葉は日本に対してもよく用いられるが、よくよく気をつけなければならない。そこには相手のイメージを歪めて優位に立とうする意図が隠されていることさえある。国のレベルでも、個人のレベルでも独自性や自律性が重んじられなければならないのであって、「相違」を安易に「特殊」として退けるべきではないのである。反対に、本人が自らを「特殊」と主張することもあるが、それはそれで外部に対する閉鎖性を示していることが多い。今日の世界では、独自性をしっかり保ちながらも、それを相互性の中で豊かにしていく多様性にも開かれていなくてはならないのである。

　そのような視点や発想の転換を助けてくれるのが、複言語主義に立った言語の知識であり、運用能力であり、それを使うことによって得られる体験である。フランス語は、長い歴史の中で育まれた言語であり、また同時に、歴史的・文化的に異なる世界の諸地域に住んでいる様々な人々の言語でもあり、世界の多様性を知るには、またとない言語である（フランス語圏世界については、次の本を参照。ジャン＝ブノア・ナドー&ジュリー・バーロウ『フランス語のはなし　もう一つの国際共通語』立花英裕監修、中尾ゆかり訳、大修館書店、二〇〇八年）。もちろん、英語も多様性に開かれた言語ではある。ただ、英語を第二公用語にしようとするような日本の教育政策においては、日本語とのいわば役割分担的な性格が強く、世界の多様性を理解しようとする姿勢がないとは言わないが、かなりの程度薄められていて看板倒れと言われても仕方がないのが実情である。国内的には日本語、外は英語という見方は、内と外に空間をわけ、外を英語が通用する一様な空間として見る傾向を内包している。このような世界観は、下手をすると、英米社会を模範とし、アジアやアフリカ、あるいはラテン・アメリカに視線が届かない恐れがあるし、英語ができない人を下に見る危険がある。そこには、英語を通して世界に視野を拡げようとしているように見えながら、実は単一言語主義が隠されていて、相互関係的な交流の中で自己を自律させるために肝要な多様性への尊重が薄弱な傾向がある。

私が大学で行っているゼミの一つには、外国人学生がいつも数名いる。そうした一人の韓国人学生から教えてもらったのだが、最近の韓国では外国語が三つくらいできても、なんらメリットにならないそうである。四つ以上知っていてはじめて、自己のアピールに役立つという。エリート層に限られた話なのだろうが、韓国における外国語への姿勢が伝わってくる。韓国は、地政学的な問題もあって、多文化主義や複言語主義が積極的に受け入れられる状況にはないように見受けられるが、他方で、高校でも二つ以上の外国語が学ばれているように、複数の外国語学習に対して積極的なのである。

フランス語による複言語主義的発想

いまから十年ほど前に、フランス語を生活や仕事の中に取り込んでいる人たちにインタビューをしたり、文章を寄せていただいたりしたものを編集して、一冊の本にしたことがある（立花英裕・井上たか子監修『フランス語で広がる世界――一二三人の仲間』駿河台出版、新版二〇〇八年）。総勢百名を越え、外交官やジャーナリスト、建築家、音楽家、科学者、スポーツ選手、企業家、NGO活動家など、広範な領域から様々な人々が登場した。この企画の趣旨は、社会的なエリートだけでなく、いわばごく普通の人や若い人々をもターゲットにして、その声を集めることにあった。その取材と編集活動を通じて強く感じたのであるが、フランス語をなんらかの形で役立てている人々は実に多い。そして、そうした人々が社会や文化を様々な側面から支えている。また、役に立っているといっても、直接、日々の業務や日常生活で用いられているとは限らず、フランス語の教養が与えてくれる考え方や発想が、秘密兵器のように役立っていることが少なくない。一番分かりやすいのが、科学者や芸術家の場合だろう。研究や創造的な活動においては、ものの見方をずらしたり、発想を転換したりすることが大事だが、そのきっかけや基礎になっているのが、フランス語を通して獲得された何かなのである。フランスは、きわめてナショナルな空間であるように見えて、知や感性を刺激し、閉鎖的・内国的な環境からは出てこない発想を生み出す力を秘めていると言おうか。

しかし、それは科学や芸術の分野に限られるものではない。実業の世界でも、フランスでの経験が活路を拓くことがある。本書に出てきた例を一つだけ挙げるとすれば、資生堂が、世界で一か所でしか買えない香水を売るブティックをパリのパレロワイヤルに開いて、ブランド力を高めることに成功した例だろう。もちろん、そのような発想は、フランス語やフランス文化との接触からでなくても出てくるのかもしれないが、実際にその発想が生まれるまでの長い過程を見ていると、やはりフランスでの様々な経験を抜きには考えられない。資生堂がフランスに単独で進出するのではなく、エール・ファーブル社との合弁会社を設立させていること、あるいは、広告のためにフランス人クリエーターを起用したことなど、一連の思い切った決断をしていく中でたどりついた発想が、そこにあると思えてならない。合弁会社にしても、世界にたった一つしかない香水店にしても、その発想はいまでこそ珍しくはないかもしれないが、それをきわめて早い時期に推進したわけで、典型的な日本の輸出産業における進出パターンとはずいぶん異なる戦略をそこに見ることができる。

私は短い期間ながら、たまたま商社に勤めたことがあるので、実業界の雰囲気を全く知らないわけではないのだが、典型的な輸出（たとえば、カメラや昔のラジカセ）は、相手国の事情に無関心でも行えるところがあり、単一言語主義的教養から抜け出ていない商売と言ってもいい。

最近、日本の携帯電話のガラパゴス化が言われている。そのため、スマートフォンでは日本企業が出遅れているようである。また、日本の電化製品は日本社会の生活パターンにきめ細かく対応しているが、アジアなどの地域における生活形態を必ずしも考慮していないので、いくら高度な完成度を示していても、現地の嗜好や生活を調査して造った製品を売り出す韓国勢に押されているというニュースを新聞紙面で読むことがあるが、国際取引では、製品の品質がよければ売れるという時代は過ぎ去りつつあるらしい。それだけに、資生堂をはじめとするパリクラブの人たちのフランスでの体験は極めて先駆的意義をもっている。というのも、そこにおいてこそ複言語主義的教養が必要とされているのであり、相手との相互的な関係と交流の中で、時には合弁の会社の設立によって一層現地に溶け込みながら、独自の製品や販売政策を練り上げているように見えるからである。合弁事業がそれだけで多様性尊重の証しだと言うつもりはないが、相手国の企業との合弁で製品開発・生産するには、相手国の価値観や生活様式と自国のそれとの間の相互的な行き来が不可欠だからである。外国企業との合弁に成功例が少ないのもその難しさに原因がある。パリクラブの人々は英語もできるが、同時にフランス語も駆使している。また、英米系の流儀も知っていながら、フランスの流儀にも体験を通して通じているわけで、そのどちらかを絶対とするのではなく、相対化しながら相互性の中で独自性を模索しているのが見られ、まさに複言語主義と複文化主義を地で行っているのである。

先にヨーロッパの経済危機に触れたが、二〇一一年は日本にとっても暗澹《あんたん》たる年であった。いうまでもなく、東日本大震災のことである。多様なエネルギー源を認めようとせずに原子力発電を絶対視するような政策には、多様性の否定を感じざるをえない。ところで、二〇一一年は、経済的にも試練の年だった。新聞によれば、急激な円高によって典型的な輸出型の大企業が一社ならず大赤字を出している。経済や実業の世界には疎いが、商社時代の友人に聞いてみたり、新聞を注意深く読んでみると、比較的うまく行っているのが商社のようである。また、自動車産業の中でもこの年度だけかもしれないが、日産自動車が異彩を放ち、他社を凌駕する利益を出している。一時は、商社不要論が出ていたにもかかわらず、近年、商社が活躍しているのは、日本を起点とした輸出や輸入よりも日本を直接介さないような第三国間の貿易や、外国企業との合弁に活路を見出しているためだそうである。日本の内と外という発想からは出てこない形態である。ＢＲＩＣｓと呼ばれる諸国、中国やインド、あるいはブラジルのような諸国の経済的成功は、私達の旧来の世界観を根底から揺るがしている。欧米対日本という思考様式では二一世紀の急激な変化に追いついていけないのである。複言語主義・複文化主義的思考がいまこそ必要とされているように見えるのだが、どうだろうか。

カルロス・ゴーンに見るフランコフォニーの流儀

二一世紀に入って、日本におけるフランスのイメージが少し変わるような出来事があったとしたら、まずはカルロス・ゴーンを挙げなくてはならない。二〇一一年の暗い年の中にあって日産自動車が見せつけた勢いは、この、ブラジル生まれで、レバノンで少年時代を過ごし、フランスのグランドゼコール理工科学校《ポリテクニック》と国立鉱業学校を卒業した履歴をもつ人物を抜きにしては考えられないだろう。一度は存亡の危機に瀕した日産自動車の成功の原因はいろいろあるだろうが、その一つに、高級志向や未来技術の追求だけでなく、中国を初めとして、インド、ロシアの企業と合弁会社を設立して、積極的に現地の嗜好や生活形態に適合した自動車を生産していることにある。その経営者としての手腕は、彼の複文化主義的教養から来ていると思えてならない。

一九九九年にカルロス・ゴーンがルノー公社から派遣されて来日し、日産自動車の社長に就任した時、日本のマスコミは、こぞって冷酷なコストカッターとして紹介していた。このようなよそ者に、日本的慣習を破壊されていいのだろうかというような懐疑的な見方が支配的だった。私も、高圧的なネオ・リベラリストなのだろうと思っていたものである。しかし、よく調べてみると、彼は労働組合ともていねいに話し合い、会社のあらゆる階層の人々の声を聞くことによって問題点を理解し、その上で大胆な結論を下したようである。工場閉鎖にしても充分に時間をかけ、原則的に解雇を行わず、職場の移動によって解決を図り、最終的な退職者の数を最小限に押さえている。

労働組合との交渉について、カルロス・ゴーンは次のように証言している。「組合との最初の会合に、私はずいぶん勇気づけられました。組合の人たちははっきりと意見をいいましたが、それは組合として当然のことで、その内容は基本的なところでは非常に建設的なものでした。…日産を再生させるためには、組合の信頼を得なければなりません。」(カルロス・ゴーン+フィリップ・リエス『カルロス・ゴーン経営を語る』高野優訳、日本経済新聞社、二〇〇三年、二一八頁)

彼は雄弁であり、冗舌でもあるが、同時に聞き上手である。彼に言わせれば、当時の日産には「従業員とマネジメントとのあいだに双方向コミュニケーションがほとんど存在しなかった」(カルロス・ゴーン『ルネッサンス　再生への挑戦』中川治子訳、ダイヤモンド社、二〇〇一年、一六五頁)。彼は、日産での最初の課題が「二つの企業文化の融合と異文化マネジメント」(同書)にあったと言うが、それに成功したのは、最初の就職先であるミシュラン社での経験、とりわけブラジルでの事業の救済、米国での合弁会社の設立、次にルノー公団での劇的な財務改善という経験が背後にあるが、そのやり方を見ていると、硬直的な経営理論を適用するのではなく、状況をよく調査し、問題の核心をつかんでから解決策を提案するところに特徴があり、驚くべき柔軟性を持っていることである。この柔軟性、適応能力、そして聞き上手はどこから来るのだろうか。

フランス人とカルロス・ゴーンの話をすると、「しかし、彼はフランス人ではないでしょう」という言葉が出てくる。たしかに、彼は、フランス人としてみたらあまり見受けられないような柔軟性を備えている。カルロス・ゴーンの来歴は複雑である。フランスでも詳しくは知られていないようだ。彼の祖父はレバノン人で、十三歳のときにブラジルに渡って、その後事業を始めている。彼の父はブラジルで生まれているが、レバノンに住んでいたレバノン人女性と結婚しており、その間に生まれたのが、カルロスである。カルロスはブラジルで生まれたものの、家族の絆がとても強いと言われるレバノン人家庭で育てられ、六才の時に母親と共にレバノンに渡り、十七歳までそこで暮らしている。フランス・パリに渡ったのは、グランドゼコール受験のためで、まずリセのサンルイ校の入学準備クラスに入っている。ここまで見ただけでも、彼が放浪するフランコフォンであることが分かる。彼は、フランス語の他に、ポルトガル語、アラブ語、英語を話すようだ。一九七〇年代はレバノンが不幸な内戦によってズタズタになるが、七五年の内戦勃発のとき、彼は理工科学校を卒業したところだった。したがって戦争の体験はないが、彼の生き方、そして危機に瀕した企業を救出する手法には、レバノン人特有の「生き延びる術」が反映している。まず生き延びなくてはならないという要請が、彼の柔軟性、適応能力、そしてあの聞き上手な姿勢を作り出している。彼の背後には強力な国民国家が存在しないのである。そんな彼から発散される雰囲気が、フランス人に「彼はフランス人ではない」と言わせるのだろう。そのような異色のカルロス・ゴーンは、まさに新時代のフランコフォンなのであり、グローバル化時代のフランス語世界を代表する存在である。彼がＥＶ車のような技術革新に力を入れるだけでなく、また、一社で単独進出するのではなく、新興国の状況に目を光らせ、日本の他社に先駆けて相手国企業と手をつなぐのも、やはりそうした来歴を背景とした彼の生来的な複言語主義のおかげではないだろうか。

私としては、彼のやり方を、フランス人の流儀というのでなければ、フランコフォンの流儀として本書の最後に付け加えておきたい。日本では、アメリカ合衆国の実業家ばかりが高く評価されているが、カルロス・ゴーンのように日本の大企業を再興ないし発展させた人物はいないことは言っておくべきだろう。いずれにしても、彼のグランドゼコールでの勉学や、同族会社ミシュランから国家的性格の強いルノー公団への遍歴の体験は、彼という人間を理解する上でたいへん興味深く、またそれだけでなく、グランドゼコールがどのような学校なのか、また性格の極めて異なる二つの大会社を通してフランス人の流儀がどのようなものなのかを知る上でも、とても参考になる（グランドゼコールと実業界の相関、またフランス企業の性格を社会学的に研究したものとして、ピエール・ブルデュー『国家貴族Ⅰ・Ⅱ』(立花英裕訳・藤原書店、二〇一二年)がある。難解だが、これほど深くフランス社会をえぐってみせた本は他にない)。

自国語を話す権利としての複言語主義

日本では、いくつもの言語を中途半端に勉強するよりは、一つの外国語をしっかり学んで使えるようになった方がいいという考え方が支配的である。しかし、複言語主義的言語学習は、言語全般の運用能力を高めるし、ネイティヴの人と同じように話さなくてもいいのだという、(妙な?)自信をつけてくれる(特に英語しか話せない人に対して)。また、複言語主義は外国語を学び話すためだけの理論ではないと私は考えている。複言語主義は世界に存在する数多くの言語を尊重しなければならないという思想に貫かれているのであり、その中には自国語も入っている。本論の結論にはならないかもしれないが、最後に、将来、英語が唯一の国際共通語となり、他にはあまり強力な言語がなくなってしまった世界を想定してみよう。もしそうなってしまったら、公的な通訳もいなくなり、どんなときでも英語を話さなければならなくなるかもしれない。たとえば、裁判のような時でも自国語で話すことが認められず、英語を強要されるようになったら、たとえ英語がある程度話せても、不利な状況に追い込まれる危険が増大するだろう。そう考えるなら、EUでの複言語主義政策は他地域の諸言語も保護してくれると考えることができるかもしれない。私達は、必要な時に自国語で話す権利を失ってはならないのである。そのためにも、英語以外の有力な言語がいくつか存在することは決して悪いことではない。

おわりに・2　これからの日仏関係——双方向の交流に向けて

久米五郎太

筆者が大学ではじめてフランス語を学び、フランス文化・地域研究を専攻したのは一九六〇年代の半ばである。ヌーヴェルヴァーグや実存主義に学生は魅せられたが、当時フランスは訪れるには遠く、フランス人は大学の先生だけだし、フランス料理やワインはまだまだ珍しかった。今では日本の学生や若者にとってヨーロッパ旅行はあたりまえとなり、パソコンで簡単に現地のニュースを読み、ＴＶも見ることができる。行ってみると人々はわれわれと同じような生活をし、行動様式もそれほど変わらない。ヨーロッパの文化やパリでの生活はもはや憧れる対象ではなくなってきている。ミシュランが東京や関西などにある多数のフランス料理店に星を付け、ワイン・アドバイザーが人気資格になる時代でもある。

「フランス人とは」「日本とフランスとの関係はどうすべきか」。本稿を書きながら在日フランス企業のトップやパリ滞在が長かったジャーナリストと議論もした。以下では、三度に及ぶフランス滞在やフランス人との交友で理解したフランスやフランス人の特性をまずとり上げ、次いで日仏の経済交流の歴史や現状について整理し、最後にフランスをよく知り、フランス人とつきあう意味とそこから日仏双方が学ぶべきことを述べて、全体のまとめに代えたい。

一　フランスやフランス人を深く知る

ヨーロッパやEUと一括りに言っても、その歴史や文化は地域や国により異なり、多様かつ複雑である。ヨーロッパの人々と共に働き、事業をする場合には、それぞれの国や地方の人そしてその社会の特徴の理解が欠かせない。特にフランスは十七世紀半ばから約二世紀以上にわたり世界の中心であり、戦後もEUをリードしてきただけに、フランス人の考え方や行動様式つまり、その流儀は知る価値が高く、多くの外国人が研究しているし、フランスについての本は多い。「フランス人は自分たちと違う」、アメリカ人はアングロサクソンや英語国民と違うフランスに驚き、文化の違いを解説する。『フランス人あるいは敵』（*French, or Foe*, Polly Platt, Culture Crossings Ltd. 1994）は十四万部を越えるベストセラーである。ドイツのフランス学者クルティウスの『フランス文化論』（創元社、一九四一年、みすず書房、一九七七年）はドイツがパリを占領し、日本がフランス領インドシナを進駐した一九四一年に日本語訳が出版された。筆者の大学時代に推薦されたこの本は隣国のドイツ人によるものだが、フランス精神の解説として今なお読むに値する。

フランスの特性はいろいろな言葉で表される。クルティウスも次のように言っている。「明晰」「秩序」「節度」「社交性」「愛想良さ」「雄弁」「懐疑的」「警戒心」「熟慮」「急進主義」「軽快」「手工業的」「芸術的」等。人はそれぞれに個性があり、特にフランス人はいろいろな人種が混じり合い、出身地や属する社会階層の影響を大きく受けている。それでも全体的にはその社会の歴史、風土、政治経済体制、社会構造、教育などが創り出す独自性、国民性が存在する。

石井洋二郎は『フランス的思考』（中公新書、二〇一〇年）の書き出しで、デカルト以来の言葉を使って筋を通して考えることに支えられた合理主義と自国の言語や歴史の普遍性に根ざす普遍主義をフランス的思考の二つの根幹とする。デカルトやベルグソンを見てもフランスの思想・哲学は文学と科学の両分野に広がっており、それについて語るのは筆者の能力を超えているので、ここではフランス的だと強く感じている、いわばフランスの特性といった点を三点挙げたい。

フランスの特性——人間の重視、論理と表現、世界への目配り

第一は人間の重視である。フランス社会は一般的に官僚的で、サービスも悪く、知らない人に対して閉鎖的である。フランス人は冷たく、高慢で、つっけんどんと言う批判もよく聞く。しかし店の人、タクシーの運転手あるいは役人と、ボンジュールのあいさつを交わし、対等に話をするようにすると、コミュニケーションが始まる。上手でなくてもフランス語を使い、フランスの流儀をある程度理解してつきあうようにすれば、冷たく見えたフランス人との交流が深まり、社交的な彼らとのつきあいが広がる。このあたりは程度の差こそあれ、どこの国でも同じである。仕事でつきあうフランスの人の多くは、知り合いと会えば近づいてきて握手をして、あいさつを交わす。親しい仲の男女は会ったり別れたりする時によく頬にビーズ（軽いキス）をする。アングロサクソンの人たちに比べると、フランス人はスキンシップを大事にし、人との距離を近くし、小さめの声で話す。日本人よりあいさつを大事にするともいえる。会社や官庁の幹部（カードル）などの階層——フランスでは社会階層として「幹部・上級知的職業」という範疇が調査でよく使われており、この層が全体の一五％弱を占める——は、教養も高く、国際経験も豊富であることが多い。世界中を旅行し、

文化や伝統への関心を有するので、日本人にはつきあいやすい。

二〇一一年は東北大震災の大きな被害に対して、多くのフランス人からお見舞のことばをかけられた。在日フランス人たちからは企業・個人などさまざまなレベルで被災地支援の活動を行ったことを聞いた。私が所属するフランス系のNPOも救援物資を届け、気仙沼など三陸の復興支援のために牡蠣の養殖を助け、日仏米の協力による数多くの基金を立ち上げた。七月一四日のパリ祭の夜は、フランス大使が郡山でレセプションを開き、フランス人シェフたちがボランティアで協力し、被災した人々を招いた。この一年、フランス人たちの行動に人間的な暖かさを感じた人は多かったと思われる。フランスには「国境なき医師団」をはじめとし、多くの国際的なNPOがあり、「連帯（ソリダリテ）」の気持ちを具体的な活動として展開している。最近の航空輸送や金融取引に対する「国際連帯税」のイニシアティブもフランスがとっている。こうした活動に接すると、キリスト教や人間重視のモラリスト哲学が、フランス人の考えや行動の基底にしっかりと位置しているように思われる。「人間の顔をした」社会主義・グローバライゼーションという考え方や幸福の重視は、そうしたフランス精神から出てくるものであろう。

第二は論理的な思考と巧みな表現力である。フランス人はデカルトを師とするかのように、権威を鵜呑みにせずに、できるだけ自分の頭で考え、「しかし（メ）」と疑問や反論を繰り返しながら、論理を展開し、行動につなげようとする。緻密に考え、正反合に基づく論理を構成し、それを三つに整理し、さらに三つに分け、といった形で展開を進め、話をし、文章にまとめる。英語のTOEFLに相当するフランス語試験DALFの作文試験は時間も長く、三段論法が求められる。そのバランスのとれた議論と表現形式は、均整がとれ、美しいとさえ言える。フランスの高等教育は哲学などの人文科学以外にも数学・エンジニアリングを重視し、その分野の研究者やエンジニアを多数生みだし、彼らは政府・企業・金融などの分野で活躍をしている。そこでは抽象化やモデルを作ることに高い価値が置かれ、往々にして現実性が無視されるきらいがあるとの批判もある。パリで開かれるOECDの国際会議では、比較的小さな中立的な国が議長になり、各国代表団の間で活発な議論がなされるが、実践主義的で国力の大きいアメリカが決定の鍵を握る場合が多い。EUが代表して意見を述べる場面が増えているので、フランス独特の発言を聞く機会が減っているのは少し残念である。日本は実行性や現実性を重視し、細部には強いが、国際的な交渉の場ではもっと大きな構想を立て、議論を主導するべしと言われて久しい。そうした弱点を補うためにはフランス流の理論展開が参考になりそうである。日仏が組んでプロジェクトを進めると、発想や実行の面で相互補完ができ、多くの場合は効果があがるとよく言われる。このあたりの日仏の違いはかなり意識的に理解し活かしたいものである。

フランス人の論理や理屈は、心理学、倫理学さらには科学などを包含する哲学の伝統の上にあり、哲学を学び、習得する教育のシステムは長い歴史があり、強固に作られている。フランスのポール・フルキエ著になる高校最上級学年用の哲学教科書は、『哲学講義』（筑摩書房、一九七六年）として日本語訳が出ているが、分量も多く、なかなか簡単には読み進められない。

第三は世界全体への広い目配りである。ル・モンドやTV5（テーベーサンク）といったマスコミは世界のニュースを広くカバーし、詳細に報道するし、インターナショナル・ヘラルド・トリビューン紙はその前身から数えると一二〇年以上もパリから英語の情報発信を続けている（同紙はニューヨークタイムズの世界版といった位置づけで、一九六七年にパリで発行を開始）。筆者のパリのオフィスには毎朝、ル・モンド、ヘラルド・トリビューン・フィナンシャルタイムズが届いた。今ではインターネット版は世界中どこでも読めるが、仏米英の三つの視点からの報道に常に接することができるのはフランスの強みの一つである。こうした国際報道の充実は、第二次大戦までフランスがアフリカ・中近東・インドシナ等の植民地を有し、イギリスとともに十九世紀後半から第一次大戦前の時期の第一次グローバライゼーションを先導し、フランス語地域であるジュネーブに国際連盟が置かれていたという歴史によるところが大きい。第二次大戦後も欧州復興のための国際機関たるOECDがパリに置かれ、フランスは世界を舞台として積極的かつ独自性の高い外交政策を進めていることは周知のことである。パリに外国人の国家元首が訪問すると、筆者のオフィスに近いコンコルド広場やシャンゼリゼ通りに三色旗とともに当該国の大きな国旗が飾られ、新聞はその国とフランスの関係や大型商談について報じた。かつて、パリで仏英独の輸出信用機関が個別の国やプロジェクトにどう与信するかを調べ、本部に報告する仕事をしていた。英国では数字を基に客観的な分析や判断が優先されていたが、フランスの場合は、DREE（対外経済関係局）で聞いた話では、その国との歴史的なつながりを重視し、戦略的な判断をするとの説明が多かった。

フランス語は今でもベルギー、ルクセンブルク、スイス、カナダのみならずアフリカを中心とする多くの国で公用語であり、フランス語の普及を行う国際機関（OIF）にはオブザーバー一九国を含め、七五か国が加盟し、世界で二・二億人がフランス語を使用しているという統計がある。フランス語は使っている国の数が多いことから、実質的に英語に次ぐ世界第二の国際語として、国連・OECD・EUなどの国際機関では重要なワーキング・ランゲージとなっている。近年は英語に押されて地盤沈下はしているが、フランスやコンゴRDC（旧ベルギー領）などの中西アフリカ、マグレブなどフランス語を使う国の人口増加率は高く、フランス語人口は今後も増えるのでその将来はそう悲観したものでもないようである。

また米国にも五〜六百万人のフランス語人口がいるといわれている。一方、OIFのアジア本部はハノイにあるがアジアの加盟国は少なく、アジアではアセアンにみられるように英語が共通語である。またフランス革命を生んだ土地で民主主義や人権を学び、独立運動を進めた指導者が出た国もトルコや中国だけに限らない。二〇一一年はフランスがG8／G20の議長国として多くのテーマを取り上げ、新興国がウエイトを増す世界の中でのグローバル・経済・ガバナンスと新しい経済政策の協調について主導的な役割を果たした。フランスの外務欧州問題省は経済協力を担当する部局を「グローバライゼーション・開発パートナー」局（DGM）に改組しており、民主的なガバナンスや人権の向上を支援対象にしている。グローバルな経済変化に対して、フランスは一歩先を行く対応を見せている。

二　フランスと日本の長く緊密な経済交流

グローバル化の中で日仏関係をとらえる

国家間の経済関係をとらえる視点は、この二〇年強の間にグローバル化、EUなどの地域化、貿易から投資へのシフト、サービス産業化などの環境変化の中で大きく変化した。日本とフランスとの経済関係も二国間の貿易を中心とした関係だけではなく、直接投資や債券・株式・銀行融資などの間接投資を加えた、貿易と投資を両輪とする広範な関係になった。また数字には必ずしも表われないが、それぞれの国での製品販売やサービスの提供がわれわれの関心を引き、両国の企業に固有の経営哲学や環境社会面での活動、ビジネスモデルについてもお互いに理解が進んできている。アジアなど成長のめざましい市場をみると、日仏の政府や企業が協力し、プロジェクトを進め、事業を展開する例も増えている。日本の企業がフランスで生産・販売・研究開発・サービスの提供をするのと同様に、フランス企業も日本でさまざまな活動を行っている。フランス大使館経済部やいくつかの主要企業は日本の責任者が韓国の代表を兼ねるところもあり、フランスは日本・韓国・中国を含めた東アジア市場を官民が協力して研究し、イノベーションのあり方や高齢化に伴うビジネスなどの次なる戦略を議論している。

半世紀の日仏貿易投資の推移

この本の執筆者の多くが属する日仏経済交流会、通称パリクラブは二〇一二年四月に発足二〇周年目を迎えた。〇八年には日仏修好一五〇周年に合わせ、日仏経済関係の回顧と展望をテーマに一連の調査を行った。テーマはフランス関連ビジネスとフランス語の使用、ワイン、相互投資、第三国協力、財政金融面での交流の五分野であり、日仏ビジネス関係者へのアンケート、パリクラブ・フランス商工会議所メンバーによる発表・論文執筆などの成果を二〇〇九年秋には五冊の報告書

(CD-ROMでは一枚)にまとめた。報告書は六〇〇ページ近いので、その中から個別の日本企業の事例とフランス事情の部分を抜き出し、それを学生や若いビジネスパーソン向けに書き直し、新しい内容を加え、発展させたものが本書の中核となっている。フランス企業の活動や歴史的な推移などの詳細についてはその報告書に譲り(ウェブサイト www.parisclub.gr.jp を参照願いたい)、ここでは読者に知ってほしい日仏の経済交流の推移と現状を簡単に紹介したい。

日仏間の貿易は、日本からフランスへの輸出が一九七〇年代に急増し、八〇年代前半は貿易摩擦が大きな問題となった。その後フランスから日本への輸出が増え、一九九〇年には両国間の貿易金額が最大となり、それぞれの国向けが輸出全体の二~三%のシェアを記録した。フランスは九〇年代前半には「ジャポン・セ・ポシブル(日本でも成功できる)」のかけ声の下で日本市場開拓に注力した。在日フランス商工会議所からの働きかけもあり、一九九三年四月にフランス駐在経験者が中心になり日仏経済交流会(パリクラブ)は設立され、爾来二〇年の間日仏の経済関係の促進に向け、フランスの政府や企業人と協力して活動を行っている。筆者は九三年の五月からフランスに滞在したが、二年半の間各種のセミナーやいくつもの地方訪問を通じて日本の市場の魅力をPRし、フランス製品の対日輸出促進を応援したことを覚えている。最近では、日本は中国などのアジア向け、一方フランスは欧州やアジア向けの貿易が拡大したこともあり、貿易面でのお互いのシェアは一%台に下がっている。両国間の貿易は活発であるが、フランス側は近年航空機、鉄道車両、空港設備、医薬品などの輸出促進に力を入れており、日本の公共調達市場の一層の開放を求める声が強い。

日仏間の投資は五〇~六〇年代に商社や一部の銀行・製造業のフランス進出が始まり、その後両国間の貿易拡大と共に活発化した。その後ＥＵとの間での貿易摩擦が激化する中で電子・事務機械部門などが投資を増やし、一九九〇年代前半には一〇以上の金融機関がパリに拠点を置いた。二〇〇〇年代に入ると日本企業による自動車の現地生産が開始され、自動車部品・化学・電子など広範な分野での投資が増えた。製造業の中には従業員が五〇〇〇人を越える現地法人も出ており、大きな工場や研究開発拠点を有し、売上げ・雇用創出面でも現地経済に少なからぬ貢献をするところが出ている。金融機関は日本国内で合併・統合が進み、商社とともにＥＵ拡大の中でフランスの位置づけを変化させている。一方、フランスからの対日投資は、一九九〇年代初めに日本経済がバブル崩壊し、企業再生が進められた段階で、自動車・金融などの分野でのフランス企業の大型投資が実施された。それ以降も投資対象が広がり、フランス企業の日本市場でのプレゼンスは非常に高く、日本にとって実質第二の投資国となっている。このように日仏は直接投資の分野では貿易分野以上にお互いのウエイトが高く、また間接投資でも同じことが言える。金融機関は相互に進出し、特にフランスの銀行・保険会社は日本でも存在感が大きい。

第三国市場での日仏の企業協力はアジアなどで、お互いの強みを活かし、リスクを分散するためにコンソーシアムを組む例が増えている。従来からの発電・石油化学などの大型プラントの建設分野以外にも石油ガス・ウランなどの資源開発、ＬＮＧ、発電、原子力、水などのインフラ事業、自動車生産、国際プロジェクト融資の面で協力の実績があがっている。また開発援助の面でも日仏の政府機関は連携を密にし、アジアなどで協力している。

一五〇年を超す日仏経済交流

日仏の一五〇年に及ぶ長い経済の交流は、最近では忘れかけられているようだが、江戸の終わりから戦前までは非常に活発であったし、その上に現在の交流もある。特筆すべきは、幕末・明治の時代に日本はフランスに大いに学び、中央銀行、金本位制、公会計、公的金融機関など多くの近代的な経済制度をフランスから導入したことである。またフランスは横須賀製鉄所や富岡製糸場の建設に大きく関与し、さらに日本が軍事費調達などのために戦前に海外で発行した国債の引き受けにフランスの銀行が参加した。第二次大戦後も財政金融当局の交流は盛んであり、消費税導入もフランスに学んだ。第二次大戦中に日本に進出し、長くフランスの銀行の代名詞であったインドシナ銀行や合併で債券引受、株式売買を行った日仏銀行などの存在も注目に値する。フランスが議長をつとめるパリクラブや、トップを四人輩出しているＩＭＦの場でも日本は重要な役割を果たしている。

こうした財政金融面での交流は、フランスに駐在し、フランスを理解し、日本の指導者となった先達の努力と活躍に多くを負っている。フランス派は戦前は、総理大臣を含め、松方正義、原敬、若槻礼次郎、西園寺公望などの政治家を輩出し、財界では日本の資本主義の父と言われる渋沢栄一も若い時に徳川昭武に随行し、滞在したフランスから経済制度のあり方を学んでいる。戦後においても財政金融分野を中心にフランス駐在経験者、留学生の中から大臣・次官・財務官・日銀総裁が出ており、日仏当局は現在でも人的な交流を重視し、継続している。

ワインの分野においても一三〇年を超える交流がある。日本は明治時代に殖産興業政策の一環としてワイン醸造を始めるために、フランスにワイン研修生を派遣している。戦後も多くの留学生がフランスで醸造技術を学び、フランスでの高級シャトー買収、ボジョレー・ヌーボーの日本におけるブーム、シャンパンの売上げ増大などを経て、日本にワイン文化は定着し、今や日本製のワインにフランスが強い関心を持つまでになっている。

日仏関係の将来

それでは今後フランスと日本の経済関係はどうなるであろうか。

現在ＥＵは周辺国などで財政危機が深刻化し、一方、日本も長期にわたる経済低迷からの回復が遅れている。通貨では一時に比しユーロ安、円高となっており、こうした状況はしばらく続きそうである。今後の世界の大きな流れとしてはグローバル化が続き、先進国は低い成長、新興国は高い成長を続けると見られている。二〇〇七年末から二〇〇八年始めの時点に行った前述のパリクラブ・アンケートによれば、日仏経済関係は「今後深まるべきであると思う」との回答が多く、その理由としては「フランス市場の重要性」「開拓の余地が多い」「グローバルな市場でのフランスやフランス企業との協力」「アメリカやアジアとのバランスを取る必要性」「日仏は共通性があり、相互補完的にグローバル市場で行動できる」ことが挙がっていた。そして、それが実現するか否かは「お互いの国や企業の成長」「それぞれの市場の事業環境の改善」が必要とみられており、さらに「経済・政治分野でのリーダー層がお互いに相手国をよく理解することも重要」との見方もあった。

この数年の間に、世界金融危機、ユーロ危機が起き、先進国は先行きに不安感を高めている。フランスを含む多くのＥＵ諸国は財政規律を進めながら成長を回復しうるのか、その難しさが指摘され、オランド新大統領選出後のフランスの経済運営の方向も注視されている。また太平洋経済連携協定（ＴＰＰ）の交渉開始にみられるように日本が開放政策を推進するとの方向も示され、日・ＥＵ間の自由貿易協定締結を望む声も高まっている。そうした中で日仏の今後の経済関係は、グローバルな大きな流れの中で、周辺の国々をも含めた形で緊密化していくものと期待されている。

三　日仏の関心の交差――お互いに学ぶ

日本とフランスはともに長い歴史と豊かな伝統を持つ国である。イギリスやアメリカと比べると顕著だが天然資源が少なく、政府の力が強く、工業は一通り揃い、国民の文化に対する関心が高いなど共通点が多い。先進工業国として、低成長からの脱却、財政の再建、技術力の活用、イノベーションの促進、若者の活用といった共通した課題にどう対処していくか、お互いから学ぶこと、お互いに教えることが多い。

フランスから学ぶ――出生率の引き上げ、グローバル化を支える人材供給、フランス流の生き方

特に若い日本の人たちの立場に立って学ぶべきことの一つは、フランスの少子高齢化対策であろう。フランスはかつて高齢者が多く、人口減少の時代があったが、今や年二％と欧州で一〜二の高い出生率を記録している。かたや日本は、最近では一・四％以下の出生率で、人口減少が始まっており、高齢者比率が急速に高まってきている。日仏の出生率の違いについては、フランスではＰＡＣＳという契約による同棲や出産・子どもの養育に対する手厚い手当が高い出生率を可能にしている

とよく指摘される。しかし日本で出生率を引き上げるためにはそうした制度だけを簡単に取り入れれば済むということではないだろう。フランス人の婚姻や出生、さらには家族・人生に対する基本的な考え方に思いを至らせ、自分たちがどのような生き方をし、日本を強くするかを考えることが欠かせない。

もう一つは世界のグローバル化の中での人材育成である。企業の国際的な活動やそれを支える経営の仕組み、人材の育成も変わってきている。最近ではフランスの大企業は他の欧州企業を買収し、マネジメントは米英流に社外取締役を中心とし外国人や女性も参加している。またフランス企業は多様性を重視し、それを力に変えようとしている。これに対して、日本企業では経営者や社員の同質性が高く、グローバルな環境変化への対応に遅れを取りがちである。フランスの企業は国際的な人材の養成・活用に熱心であり、大学やグランドゼコールなどでの教育も国際的な視点を重視しており、そこから国際経験を持った幹部やトップが育ってくる。この分野においても日本として学ぶところが多い。

マッキンゼー・アンド・カンパニーの前日本支社長のエアン・ショー氏（カンボジア出身フランス人）は、日本の今後二〇年のロードマップを示し、その中で企業が変わり、学生を育成し、少子高齢化にビジネス・チャンスを見つけ、リーダーを強くすることを提言している（『日本の未来について話そう』小学館、二〇一一年）。パリクラブでも同氏に講演を願ったが、若き時、フランスのビジネス・スクールの企業研修で来日し、工場で働いたこともあるという知日派の暖かい提言に耳を傾けたい。

フランス流の生き方（アール・ド・ヴィーヴル）にも注目したい。効率よく働き、思い切って休み、楽しむ。美しさやデザインの重視、労働・科学・自然・少数者の権利などの考察、古いものを大事にしつつ時に根本からの改革等々。自分の生き方、世界のあり方を考える時にフランスはさまざまなヒントを与えてくれる。

フランスが日本から学ぶ――年金、日本の洗練された市場、クールジャパン

一方でフランスが日本から学ぶものも少なくない。フランスでは激しい反対もあったが、二〇一一年秋に年金支給開始年齢を六〇歳から六二歳に二年引き上げることに成功した。その数か月前のパリクラブ主催のレセプシオンで、当時の年金担当の若きロラン・ボーキエ大臣は日本の年金制度、特に支給年齢の引き上げを参考にしたいと述べていたのが印象に残っている。世界に冠たる長寿国の日本は国際的にみると社会保障負担がいまだ低く、また老人の介護保険制度も近年整備されてきており、この点もフランスにとって関心が深い。

第二は日本市場の魅力である。日本経済は今後大きく伸びないとしても、洗練された消費者がいて、安全への意識が高く、シニア層の購買力も大きい。競争は厳しいが、持てる技術やマーケティングの力を活かしそこで成功すれば、これから豊かになり、かつ老齢化していく他のアジアなどでもそれを応用できる。日本にあるフランス商工会議所は創立後九〇周年を越える歴史を有し、ヨーロッパの商工会議所ではもっとも古い。在日のフランス企業を中心にフランスとの関係がある日本企業や個人など約七〇〇の会員からなり、規模もアメリカ商工会議所に次いでいる。二〇一二年一

月の新年会では在日フランス企業を対象に第一回ビジネス・アワードを出した。筆者も審査員の末席を汚したが、受賞した五社の事業を見ると、大震災後に製品の安全対策を強化し、高齢者をもターゲットに加えたヨーグルト生産・販売、南欧のイメージを活用した自然化粧品の販売、数多くのブランド製品のEパーチェス、携帯端末 iPad を使った自動車の販売サポートと顧客管理システム、富山市での貸し自転車である。日本市場の中で市場の変化を先取りして、新しい手法でビジネスを伸ばしていく動きがよく見てとれる。

パリクラブでは二〇年間にわたってフランス商工会議所と共催し、フランス大使館の協力も得て、講演会、ディベート、小旅行、パーティーを開催し、フランス企業に勤める幹部などとの交流を行ってきた。企業に勤めるフランスの若者や日本の企業・大学にきた研修生・留学生と接する機会も少なからず持った。フランスの若者たちは小津安二郎の日本映画にも惹かれるが、アニメやマンガをはじめとするクール・ジャパンなど日本文化に興味を持ち、日本語の勉強にも熱心な人たちが多いのを知って驚き、うれしく思う。ただ彼らも企業研修後に日本で働ける機会は少なく、日本の学生や若者との交流もそれほど活発でないようにみえる。フランスに関心のある日本の若者にとって同世代の彼らとの文化や人的な交流は得難いチャンスであり、もう少し場があるとよいと思う。

おわりに

日本人のフランスやフランス人とのつきあいは一五〇年を越える。この本には戦後の数十年の間、日仏を往復し、フランスで働き、生活をし、フランス人と交際し、実際に知ったフランス人の考え方や行動様式が多数取り上げられている。それらは若い時代にフランスと接し、留学やビジネスを通じ深く知るようになったフランスであり、著者たちの実際の経験である。

人はなぜこうして、外国を、そしてフランスを知ろうとするのだろうか。人により答えは様々だが、結局はフランスへの関心からさらによく知ることで、仕事をこなし、楽しめるようになり、自分の生活を充実させるためであろう。アメリカ流に言えば成功することであり、フランス流ではよき生き方をするためといってよいかもしれない。つき突めれば、外国とつきあう最終的な目標は日本や自分をより深く理解し、よい判断をし、適切な行動をすることにあると言っても言い過ぎではなかろう。もう五〇年前のことだが、大学で仏文学者の前田陽一先生から言われたことを思い出す――君たちは何かを日本語で考え、発展させることができるようにならなければいけないが、それはいわば織物の縦糸であり、フランス語であるいは英語でもよいが、別の言葉を使って情報を集め、本を読み、考え、発展させると、それは横糸になり、横糸が太くなれば布は厚みを持ち、しっかりとし、魅力のあるものになる。

国境が次第に薄れ、グローバルが強調される現在、人は世界を知り、そこで活動するために、外国の情報を得て、外国の人とコミュニケーションをとる。英語を使うことがますます増えるが、世界の人々は、それぞれの言葉で考えており、人や文化の理解はそれほど簡単ではない。英語ともう一つ、できれば二つの外国語を知ることで世界はより立体的に、浮き彫りになってみえてくる。フランスに関心を持ち、フランスを深く知ることで、アングロサクソン的な考え方や制度とは異なるフランス的な、少し大きく言えば大陸的な考え方や制度を理解することができる。そうすると自分を取り巻く世界は厚みと深みを増し、人生も豊かになる。この本を手分けして書いた執筆者たちはみなそう思っているに違いない。

フランス人とうまくつきあうために

——パリクラブ会員からのちょっとしたアドヴァイス

フランス人とビジネスの場以外でつきあう際の、ちょっとしたノウハウをパリクラブの会員にアンケート形式で尋ねた。会員が自分の思いを存分に読者に伝えようとしたため、長文の回答が多くなったが、ここではそれらをとりまとめたエッセンスの形でご紹介したい。パリクラブのホームページ（http://parisclub.gr.jp/）では、これらの回答をそのままの形で掲載しているので、ご興味をお持ちの方は、そちらもご覧いただきたい。

問一　フランス人とのパーティー・食事ではどのような話題が適当か？（あるいは不適当な話題は何か？）

〔回答〕レストラン、料理、ワインなどのグルメの話題、美術、文学、映画、オペラなどの文化・芸術の話題、全仏オープンテニスなどのフランスでそのとき興味が持たれているイベントの話題を挙げた回答が大多数であった。一方、避けた方が良い話題としては、宗教の話の他、政治の話題が挙げられた。ただし、政治については、相手が官僚や経済人であれば良いとする意見もあった。また、ビジネスランチの場合は別として、仕事の話は避けるという回答が多かったが、カクテルでは仕事の話も可という意見があった。

問二　フランス人との交渉をうまく進めていくコツは何か？（失敗した経験でもよい）

〔回答〕多くの回答者が、交渉には誠意を持って臨み、信頼関係を築くこと、本音で話をすることが大切であるとしている。また、論理的な主張を心がけるとともに、定性的な主張だけでなく定量的な説明も重要で、数字に強いと相手に思わせること、さらにフランス語で説明・主張することが大切であると回答している。このほか、謙虚さと強引さを併せ持つこと、Oui と Non をはっきり言うこと、相手を怒らせないで、自分の主張は全てすることが必要といった意見があった。また、フランスのビジネスの価値観は固有の歴史、文化、生活習慣等を背景に持ち、日本の価値観とは違うので、フランス人が何を求め何を評価するかを見抜く力を養うことが必要との意見があった。

問三　フランス人への贈答やフランス人を訪問する際のマナーやコツは？

〔回答〕フランス人のお宅を訪問するときは、約束の時間より必ず最低五分、普通は一五分から二〇分は遅れていくのがフランス流の礼儀との回答が大変多かった。この点に触れていない回答者も、問われればおそらく同じ答が返って来ると思われる。贈答品は高価なものでなく、簡素で相手の好み等も勘案して適切であるべきという意見が多かった。具体的な品物としては、花ないし花束を挙げる回答が圧倒的に多かった。食べ物ではチョコレートを贈るとよいという意見がいくつかある一方、口にするものは日本人には良くてもフランス人には必ずしも喜ばれないという意見があった。また、生菓子は相手方のデザートとかぶる可能性があるので持っていかないと言った意見がある一方、ホームパーティーではワインよりむしろデザートを持っていくのが一般的という意見があり、これは相手との関係ないしパーティーの性格等による違いかと思われる。また、ワインについても持っていくと喜ばれるといった意見がある一方で、相手方の料理がわからないのに持っていくとかえって相手に負担になるという否定的な意見があった。この点についても、事前に相手の希望、好み等がわかっているかどうかで結論が変わって来るのではないかと思われる。

問四　仕事以外でフランス人とうまくつきあうための、あなたのコツは？

〔回答〕招かれたら招き返したり、ヴァカンスを共にする等、家族ぐるみのつきあいができるようになるようにするとの回答が多かった。この場合日本に相手が来た時に歓待するという回答もあった。また、当然のことながらフランス語で相手と話したり、まめにメールや手紙を出したり、積極的にこちらから話しかけてフランス人の中に入っていくことが必要という意見があった。こうしたフランス人とのつきあい方の基本について、回答者の意見を大きくまとめると、自分の人格、個性をさらけだして、フランクに、おごらず卑下せず、相手と同じ目線でつきあい、誠意を持ってお互いの信頼関係を築くことが必要といったことになった。なお、無理に vousvoyer から tutoyer に移行しようとする必要はないという意見や、相手のことをあまり詮索しないようにすべきといった意見もあった。

問五　これからフランスやフランス人と関わりを持とうとする人へ、あなたからのアドヴァイスは？

〔回答〕友人を作る努力を怠らないという意見が出される一方、アメリカ人のように最初から打ち解けた関係にはなれないので、徐々に親しくなる努力を続けることが大切であるとの回答があった。また、日本の歴史、文化等を知って、自分のアイデンティティを明確にするとともに、日本についての発信力を持つことが必要であるという趣旨の回答が大変多く、さらに、フランスの歴史、文化を学ぶことが必要という意見も複数あった。なお、フランス人とつきあうに際しては、先入観や偏見を持たず、オープンマインドで、多様性を認め、フランスの良き理解者になることが良いといった趣旨の意見が多かった。この他、フランス人が許容しない習慣や日常のマナーやエチケットは事前に知っておくべきという意見があった。

パリクラブ会員アンケート回答者（五十音順）

相谷光則、蘆野　進、荒木いさお、猪瀬威雄、今井正幸、上村皓示、大森順子、小阪田嘉昭、畔柳博年、佐藤康夫、澤田義博、七里淳哲、錫村寛海、関口昭茂、関本勘次、高田方一郎、武田康弘、富永孝雄、中澤妥伊子、中野幸紀、原田靖博、福本しのぶアニエス、保坂武雄、牧　陽子、宮原英男、矢崎浩一、横堀惠一

執筆者一覧

＊敬称略、現職／元職、現職（執筆当時）は主なもの、経歴はフランスに関係した主なものを記した。

序章
綿貫健治　学校法人城西大学JICPAS副所長・教授（特任）、パリクラブ会長代行／元ソニー・フランス副社長、国際統括部長、対日投資サポート常務、横浜国立大学准教授。著書に『日仏交流一五〇年―ロッシュからサルコジまで』（学文社、二〇一〇年）など

第1章
後藤　豊　元（株）資生堂広報部ヨーロッパ代表部首席、在仏日本商工会議所会頭
永田靖一　帝京大学教授／元サントリーフランス社長、サントリーホールディングス執行役員など
錫村寛海　一般社団法人ミベモル・サクソフォンアンサンブル事務局長／元在日フランス大使館対仏投資部シニアアドバイザー、元トヨタモーターヨーロッパ副社長

第2章
有地　浩　日本決済情報センター社長／元在フランス日本国大使館参事官、財務省、IFC東京駐在特別代表
澤田義博　帝京大学経済学部教授、日仏会館監事／元富士銀行パリ支店長、みずほ銀行（役員待遇）より、JETRO経由にて、フランス大蔵省にシニア・アドバイザーとして出向など
高橋　衛　欧州&日本研究所代表、経済同友会幹事産業懇親会代表世話人／元富士銀行パリ支店長、富士銀行、富士総研、パレスホテル、ドイツ証券等で役員歴任

第3章

太田垣みどり　通訳翻訳業／元HEC経営大学院日本代表、NPO法人日本パスツール協会事務局長、コレージュ・ド・フランス形質人類学研究所研究員など

足立純子　HEC経営大学院日本代表／元パリ商工会議所、在日フランス商工会議所勤務など

瀬藤澄彦　帝京大学教授　諏訪理科大学講師　リヨン・シアンスポ講師　パリクラブ副会長／元JETROパリ次長、リヨン所長、フランス経済産業省日本顧問など。著書に『21世紀の国際経営学入門～ヨーロッパ型経営に学ぶ』（彩流社、二〇〇八年）など

第4章

増渕文規　帝京大学英国ダーラム分校校長／元フランス三菱商事部長、三菱商事理事監査役室長、大日本明治製糖常勤監査役など

大森順子　エセック経済商科大学院大学　在日本代表／元在日フランス大使館勤務

上原　修　特定非営利活動法人日本サプライマネジメント協会TM理事長、仏エセック・ビジネススクール（パリ・シンガポール校）常勤講師／元日本鉱業ニューヨーク事務所長

第5章

小山聡史　三菱商事経営企画部担当部長／INSEAD留学生（三菱商事派遣）

佐藤康夫　日欧コンサルタント／元仏エア・リキードE事業部長／元日本エア・リキード社長

久米五郎太　プラネットファイナンスジャパン副理事長、パリクラブ会長／元日本輸出入銀行パリ首席駐在員、丸紅電力インフラ部門長補佐、日揮常勤監査役・顧問など

第6章
福田育弘　早稲田大学教育・総合科学学術院・教育学部・複合文化学科教授　元フランス政府給費留学生（文学）
小松祐子　筑波大学人文社会系准教授、日本フランス語教育学会副会長、日本ケベック学会理事
岡見さえ　上智大学ほか非常勤講師、舞踊評論家／元フランス政府給費留学生

おわりに
立花英裕　早稲田大学教授。著作に『二一世紀の知識人』（共編著、藤原書店、二〇〇九年）、『フランス語で広がる世界』（共編著、駿河台出版社、二〇〇四年）など
久米五郎太　前掲

コラム
1　牧　陽子　ペルノ・リカール・ジャパン　シニアブランドマネージャー／HEC経営大学院、パリ大学MBA留学、野村総合研究所、経営共創基盤、ATカーニーなど
2　山崎亜也　住友商事理事資源・化学品事業部門長付、筑波大学客員教授／ベルギー・ルーバン大学留学、元日本輸出入銀行パリ駐在員、国際協力銀行専任審議役など
3　森由美子　（株）エスプリ・デクス代表
4　横山悠喜　（公財）日仏会館専務理事／元三和銀行（欧州駐在、新宿他数か店支店長）、今橋地所代表取締役、UFJカード常勤監査役など
5　今井正幸　コンサルタント／元経済協力基金カイロ首席駐在員、日本福祉大学教授など
6　宮原英男　大林組技術本部／元フランス政府技術給費留学生

フランス人《じん》の流儀《りゅうぎ》
——日本人《にほんじん》ビジネスパーソンが見《み》てきた人《ひと》と文化《ぶんか》
 NDC 361／viii, 247p／19cm

初版第１刷——2012年６月15日
第２刷——2018年９月１日

編　者———日仏経済交流会《にちふつけいざいこうりゅうかい》
編集協力——立花英裕《たちばなひでひろ》
発行者———鈴木一行
発行所———株式会社 大修館書店
〒113-8541 東京都文京区湯島2-1-1
電話03-3868-2651（販売部）03-3868-2293（編集部）
振替00190-7-40504
［出版情報］https://www.taishukan.co.jp

装丁者————西村純一（WELL PLANNING）
カバーイラスト—大坪紀久子
印刷所————広研印刷
製本所————ブロケード

ISBN 978-4-469-25081-7　Printed in Japan